もう道に迷わない

道迷い遭難を防ぐ登山技術

野村 仁

ヤマケイ新書

装丁　尾崎行欧デザイン事務所
本文ＤＴＰ　株式会社千秋社
協力　道迷い遭難体験者の皆さん
アルパインツアーサービス株式会社
日本山岳救助機構合同会社

目次

第3章 低山での道迷い遭難の実態……99

終章　道に迷ってしまったら

はじめに

登山を楽しむ人が増えているという。快適さのあふれる都市生活に背を向けて、ひっそりとした世界に分け入り、世俗の利害や評価といったわずらわしいことからしばし解放されて、ひとり自然に対峙し静かな時空に浸る。目の前には信じられないほど美しい自然景観がひろがっている。なんというぜいたくな遊びだろうか。

なぜ、きつくて危険な山へなぞ登るのかと言うが、その魅力にハマったらとてもやめられない。登山のすばらしさに気づいた人々が、全国各地の山へ、毎週末出かけているわけである。

それはよいことなのだが、楽しみの反対の一面、「きつくて危険」という部分が、どうも忘れられているのかもしれない。登山は街の生活のように安全が保証されてはいない。山の自然はかなり危険なものであるし、登山と遭難事故は、その始まりのころから切っても切れない関係にあった。登山をやるのなら、遭難しないための知識を学び、技術を身につけなくてはいけない。こういうあたりまえのことを充分に伝えないまま、登山ブームばかりをあおり立てている企業や団体などがあるのなら、その非をはっきりと指摘しなくてはならない。

２０１４年の春から、登山技術を学びたいという熱心な人たちに、「遭難事例から学ぶ」というテーマで月１回お話をしてきた。初めは遭難の話で講習ができるのか半信半疑だったが、出席する皆さんは真剣な表情で聞いてくれた。具体的な技術のノウハウでなくとも、どんな話題からでも何かを吸収し、自分の登山に生かそうとする姿勢があった。現代の登山者は楽しみばかり追求して、学ぶことをさぼっていたのではない。学ぶ場所がなかっただけなのだ。

30歳前後のころ、筆者は忘れがたい遭難を体験した。道迷いではないかもしれないが、豪雪の山に閉じ込められ、結果的には１週間ほどかけて脱出できた。しかし、丸一日がんばっても１００ｍほどしか進まない状況のときは、一時的であれ「死」を覚悟するところまで追いつめられた。すぐ近くに「死」があるという絶望的な感覚は、忘れがたいものである。

本書は、道迷い遭難をしないために役立つであろう、いろいろなことを書いている。本書を読んだ人は、道に迷いにくくなると信じてはいるが、それでも道に迷うことはあるだろう。

登山とは、自然の中をのんびりと旅することではない。強くなりたいためにいろいろな努力をした人が、自分の力を信じて山頂に向かい、無事に帰ってくることなのである。

野村　仁

第1章

道迷い遭難の事例に学ぶ

①鈴鹿山脈御池岳の道迷い遭難

２０１２年７月16日、鈴鹿山脈御《お》池《いけ》岳で、川﨑雄司さん（本名・当時44歳、以下敬称略）が道に迷って行方不明となり、６日後の同月22日、西面のゴロ谷で発見、救助された。この事例は、本人に公開の意思があり、自分が経験した遭難のできるだけ正確な記録を明らかにしたいと望んでいた。このため、山中でどのように迷ったかを詳しく調べることができた貴重な道迷い遭難事例である。本書の最初にこの事例を考え、道迷い遭難とはどのようにして起こるのか学んでいきたい。

川﨑は11年夏に山登りを始めて、すぐにその魅力にとりつかれた。９月からは毎週のように日帰り登山に出かけて、登山のネットワーキング（山行記録共有）サービスである「ヤマレコ」に報告を載せて楽しんでいた。そのほとんどが単独登山だった。冬には雪山登山に挑戦し、雪の御池岳にも登頂することができた。しかし、翌年２月にヤマレコユーザーのＮが御池岳方面で行方不明になり、４月28日に遺体で発見される遭難があり、地元では大きな話題になった。川﨑もこの遭難に激しくショックを受けている。

Ｎの遭難の記憶もまだ生々しいころ、同じ場所で川﨑が遭難するとは、不思議な引き合わせを感じずにはいられない。Ｎと川﨑の発見場所は、水平距離で２００ｍほどしか離れていなかった。

初冬の御池岳。手前の黒木のラインがＴ字尾根

遭難後、はじめて御池岳に登ったときの川﨑

■あいまいな計画性と、家族への不充分なメモ

海の日の3連休だった。7月14日は天気が悪く、15日は用事があった。16日はどうするか迷ったが、前の週に鞍掛《くらかけ》峠から御池岳に登っていたので、気になっていたノタノ坂から行ってみたかった。ただし、初めてのコースだし、最後まで行けるかわからない。

16日朝、広告の裏紙に「ノタノ坂、土倉《はぜくら》岳、T字尾根、山には登りません。帰りは17時ごろ」と書き残して自宅を出た。川﨑が言うには「姑息なメモ」であった。きちんと御池岳に登ると言うべきだが、そうすると、「また山?」などと返されるのがいやだったのだ。

車で向かったミノガ峠経由の林道は、崩落のため通れなかった。引き返して君ヶ畑を回り、ノタノ坂駐車場へ10時30分ごろ到着した。遅すぎる時刻だが、準備している先行者がいたので少し安心した。この人が、T字尾根でいっしょに迷うことになるR氏だった。

川﨑は遭難後に報告を書いているが、そこには時刻の記載が少ない。13時ごろ土倉岳に着いたとあるから、テーブルランド(山上台地)到着は14時前後か。御池岳山頂へは徒歩30分ほどだが、川﨑はT字尾根をすぐ下ることにした。

テーブルランドの南端に沿って歩くと、木に緑色のテープ(①)がたくさん貼ってあり、そこが下降点(②)だとわかった。下り始めて、一度は違う尾根に乗ったことに気がついて引き返し、テ

御池岳道迷い遭難：関連地図
（丸数字は本文中の番号と対応）

下降点にあった緑色のテープ（①）

ープや踏み跡についていって、正しくＴ字尾根の稜線に乗ることができた。ここはＴ字尾根でいちばん迷いやすい箇所（③）と思われるが、このとき、川崎は迷わずに通過できていたのである。

■ベテランに見えたＲ氏を信頼して谷へ迷い込む

順調に下り続けると、右方向から登ってくるＲ氏と出会う。「さっきと同じ所を通ったみたいで、同じ手ぬぐいを見つけたんで拾ったんだ」とＲ氏は話した。ベテランに見える人物に出会って川崎の緊張は和らぎ、Ｒ氏に判断をゆだねてしまう。気がつくと二人で迷っていた（④）。自然とＲ氏が先頭を行き、川崎はそれについていく流れになった。

こうして二人は迷宮にはまっていった。筆者との現場検証のとき、川崎は「一度はＰ９６７の西のヤセ尾根部分に出てきたが、そこがＴ字尾根だとわからず引き返した」と証言している。地図中⑤の周辺で迷い、右往左往していたのだろう。Ｒ氏はついにＴ字尾根を諦めて、「沢に下れば出られる」と下り始めた。後を追った川崎は沢の直前で５ｍほど滑落する。Ｒ氏は大声をあげて無事を確認すると、そのまま先行して沢を下り、出口に滝があって下れないと戻ってきた。

Ｒ氏は「もう一度登り返して稜線に出てみよう」と言い、川崎は「下りたばかりなのに、また登るのか」と驚く。沢から登り始めるところで足を滑らせ、両膝を岩に強打した。この傷はダメージが大きかったようだ。２回の滑落に続き、標高差約４００ｍの登りが、川崎を消耗させていった。

夕暮れが近づいてきた。正しい方向がわからなくなっていた二人はひたすら登り続け、途中でR氏は大岩を右へ巻いて進み、川崎は直進ルートに分かれてしまう（⑥）。傾斜が急になり樹木が少なくなって、はるか上方にボタンブチらしき急崖が見える。ヘッドランプを持たない川崎は、ボタンブチの約15m下の岩棚で進めなくなり、そこにしがみついて一夜を明かすしかなくなった（⑦）。稜線に抜け出してヘッドランプを点灯させているR氏に、バーナーを点火して合図を送った。

翌17日朝、川崎は5mほどを慎重に登り、最後7～8mはR氏にロープを渡してもらって進んだ。ボタンブチの上（⑧）に抜け出して倒れ込み、しばらくその場にへたり込んでしまった。そこには2月に遭難死したNの慰霊碑があった。自分の携帯電話は電池切れだったので、R氏の携帯を借りて自宅に電話し、「危機的な状況は脱したので、これから下山します」と留守録を入れたが、現在地がどこかは言っていなかった。

こうして最大の危機は脱し、あとは安全に下山するだけだったのだが。

■脱水と幻覚に翻弄され、再び谷へ迷う

どこから帰ろうかとの相談に、川崎はT字尾根にこだわり、R氏は反対しなかった。テーブルランドをさまよってやっとT字尾根の取付を見つけ、下り始めてからも、ルートを探して何度も上り下りを繰り返した。

川崎は、このとき「狂い始めていた」という。幻覚・幻聴が現われて現実との区別がつかなくなってきた。川崎はテープが見えるが、Ｒ氏はないという。石にＴの字が書かれているのが見え、クマよけの鈴の音が聞こえるので、その方向へ「おーい」と叫ぶ。長い尾根を下る道があるのが見え、どんどん下った揚げ句に道がないのに気づく。Ｒ氏は上で立ち止まって見ていたが、別の道を進み、その後再び姿を見ることはなかった。

「何度もルートミスをして、ようやくT字尾根の真中（Ｐ９６７）に来た。正午を過ぎていたように思う。テーブルランドからＰ９６７まで約6時間を要している。」（川崎のブログより）

後述するが、実際にはＰ９６７ではなく、手前の１０１０ｍ地点⑨だった。早朝から昼までかかって標高差１００ｍ余り、水平距離約１００ｍしか進んでいなかった。もはや道迷いではなく、自身の衰弱との闘いだった。

幻覚が次々と現われる。親子連れや夫婦の登山者がいた。東西南北の方向に目印と踏み跡があり、登山者が進んでいくのが見えた。青色の道路案内板が見え、そこに近寄っていって倒れ込んだ。ホイッスルを何度も吹いて、「助けてくださ〜い」と叫んだが、だれも助けてくれなかった。

15時すぎ、川崎のなかに正気が少し戻った。フラフラと立ち上がり、水を求めて、沢音のするほうへ進んだ。だいぶ下りると川岸に水量計のようなものがあり、女一人、男二人で操作している（これも幻覚）。彼らに助けを呼んでもらうことにして下降を続けた。下部は急峻になり、木にロープをかけながら下る。最後は木もなくなって、いちかばちかで3mほど落ちた（⑩）。地面に叩きつけられてしばらく動けないほど痛かったが、そのあと飲んだ水は、生き返るほどうまかった。

■ほとんど何もできず、待ち続けていた4日間

翌18日からの2日間、川崎はほとんど何もできずに谷底にいて、救助隊を待ち続けた。18日は水だけで一日過ごした。バーナーのコックが開いていたらしく、ガスカートリッジを空にしてしまった。明るくなると睡魔に襲われ、夜になるとほとんど眠れない状態だった。この日、家族が捜索願いを出し、警察による捜索が始められていた。

19日は救助隊が来るという確信（幻覚）に支配されていた。その一方「明日には確実に脱出できる」とも思い込んでいた。何もしないまま、気がついたら15時を回っていた。地図を見て、沢を下って林道へ出る計画を考えた。

20日、川崎は初めて自力脱出の行動を起こし、沢を下っていった（⑪）。出口で大滝に阻まれ、滝壺へ飛び込もうという考えに傾きかけたとき、雨が降りだし、それを思いとどまらせた。雷鳴がとどろき、強い雨が一晩中降り続いた。雨具がないのでザックカバーを肩にかけて、増水から逃げられそうな場所で待っていた。

遭難5日目の21日、川崎は遭難以後で最も良好な精神状態だったように思える。地図とコンパス

を用意して自分のいる地点と脱出方法を検討した結果、初めてゴロ谷に落ちているという確信をもった。そして、思案を重ねたすえ、御池岳側ではなくT字尾根に登るという方針を決めた（⑫）。12時すぎに出発し、左右に巻いたりしながら慎重に登っていくが、登り切れずに日没になった。斜面途中の木の根周辺にスペースを見つけ、木にまたがって夜を迎える。深夜、寝ぼけて足を踏み外し、たまたま触った枝につかまって止まったが、両足は完全に宙に浮いてバタバタしていた。遭難初日にボタンブチ直下でビバークして以来、最大の危機だった。

■幾つもの偶然と幸運が重なり、発見・救助へ

22日、川﨑は朝から幻覚のなかでまどろみ、正気に返ったとき、時刻は13時30分だった。登り続けるか沢へ戻るかと考えたのもつかの間、沢から自分の名前を呼ぶ声が聞こえ、幻聴に引きずられて沢へ下りていく。途中からは彼らが気づくようにと、わざと大きな音を出し、装備を一つずつ投げ下ろし、最後にはザックも投げ下ろした。沢に下り立つと、川﨑は数センチの距離も動けなくなった。小川に親子3人連れが立つ幻覚を見て、「三途の川か」とつぶやいていた。

この日は日曜日で、三重県山岳連盟の救助隊が前日から捜索に出ていた。そのうちの一班はボタンブチからNの遭難地点を経てゴロ谷に下りるルートを捜索した。手がかりなく、その日の活動を終えようとしていた16時ごろ、無線で登山者が遺留品を発見したとの情報が入ったため、その方面

へ向かった。そのとき、女性隊員が、最後の力を振り絞って手を振った川﨑の姿をとらえていた。

「生きてる！　よかった！」

女性の叫び声が聞こえる。歓喜の声と共に複数の人が近づいてきた。そのなかの一人の男性は、

「川﨑さん！　トシです！」と言った。彼はヤマレコ仲間で、川﨑が師匠と仰ぐ人物だった。

ギリギリのタイミングで県防災ヘリが飛べることになった。写真の記録によると、川﨑発見は17時40分ごろ、ヘリ搬送は18時55分ごろだった。

遭難の原因と教訓

①地形を見ずに踏み跡だけを追った

川﨑はＴ字尾根で2回迷った。7月16日にはＰ９６７の手前（東側）のコル付近でＲ氏に出会い、Ｐ９６７を越えるルートを見つけられずに、ゴロ谷側の斜面へ入っていった。その斜面を彷徨しながら、一度はＰ９６７の西側の稜線へ出たというから、地図中の左回りの破線に近いラインをたどったと推定できる。また、Ｒ氏が同じ所を回ってコルの上部に出てきたのは、地図中の右回りの破線に近いラインをたどったと推定できる。リングワンデリング（環状彷徨）の迷い方である。

このような迷い方は、自分がどの方向に進んでいるかという方向感覚を失って、目先の踏み跡や

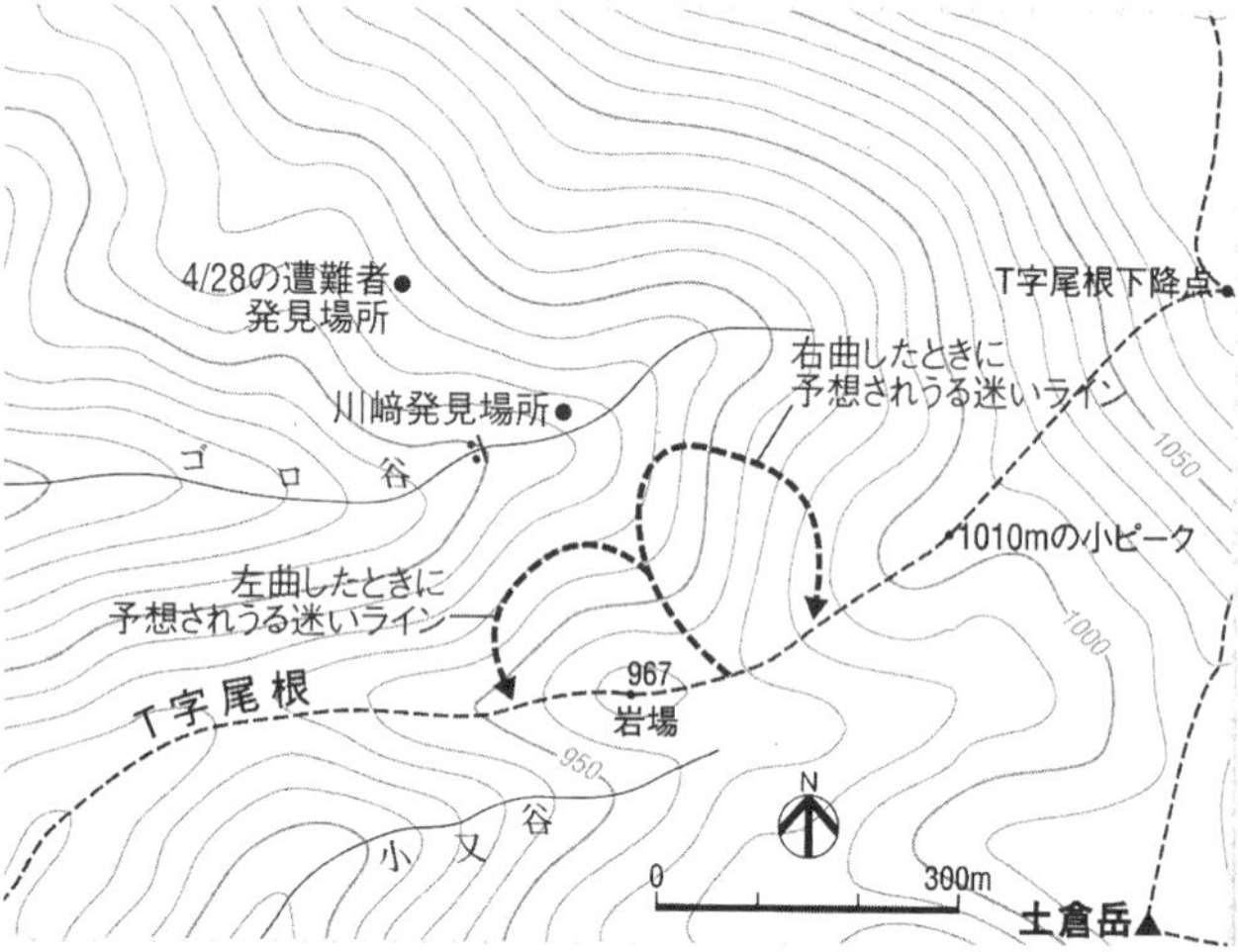

ボタンブチ方向から見たT字尾根上部。1回目はP967の手前から、2回目はP1010からゴロ谷へ迷い込んだことがよくわかる。写真は初冬期で地形が明瞭だが、葉が茂る春～夏には地形が見えにくくなる

マークばかりを追いかけて、やみくもに歩き続けたときに起こるものと考えられる。

どうすればこんな迷い方を防げるだろうか。まず、踏み跡やマーキングに過度に依存したルートファインディングをやめること。なぜなら、踏み跡やマーキングは誤っていたり、不明瞭だったり、別の目的のものである場合もあるからだ。たとえばゴロ谷へ下る目的でテープがつけられていると、それをＴ字尾根のテープと勘違いして追っていけば、ゴロ谷に下るのは当たり前だ。

ルートファインディングをするときに、確実な根拠になるのは地形である。晴れていれば、テーブルランドからＴ字尾根全体の地形を見ることができる。Ｔ字尾根下降点から標高差で約１３０ｍ下ると、小さなピークへわずかに登り返す。地形図では等高線が閉じていない１０１０ｍの小ピークである。ここから広い尾根を下り切ったところがＰ９６７の手前のコル、写真中央右の黒木に覆われたピークがＰ９６７である。以上の特徴を一つずつとらえて確認しながら下れば、初めてのルートでも迷わないだろう。しかし、このようなルートファインディングは難しく、初級者向きとはいえない。Ｔ字尾根は初級者には難しく、中級以上の実力が必要なルートなのである。

７月17日には、川崎は１０１０ｍの小ピーク付近から水を求めてゴロ谷へ下っていった。川崎は１０１０ｍピーク付近をＰ９６７と遭難報告に書いているが、実際には次のピークがＰ９６７だった。Ｔ字尾根の地形の把握ができていなかったのだ。

②地図または地形図を活用していない

川崎は2万５０００分ノ１地形図と、「山と高原地図」の両方を持参し、コンパスも持っていた。しかし、それらをあまり活用しているように思えない。特に7月16日に迷ったとき、川崎もR氏も読図作業をまったく行なわなかったために、ボタンブチへ登るルートを取ることになり、川崎は生命の危険にさらされると同時に、大きく体力を消耗することになった。

川崎は一人で迷っているときも、当初は地図・地形図を見てルート判断を行なうことが、ほとんどないように思える。7月19日に初めて地図・地形図を広げてよく見たが、現在地が小又谷だと思い込んでいて、小又谷を下るルートをなぞっただけだった。20日に沢を下って小又谷とは違うらしいとわかり、21日に地図・地形図を再検討した結果、ようやく現在地がゴロ谷だと確信する。３日間かけて現在地を探り当てたのだが、もっと早くからこの作業ができていればよかった。

地図・地形図の本来の使い方は、通常の登山中から読図を行なって、常に地図・地形図と現在地とを照合させておくことだ。それは、前項の「地形の把握」と同時に行なわれるので、ルートファイディングの力を伸ばすことにつながる。現在地照合の作業を行なっていると、もし「地図・地形図と実際の地形が照合できない」事態が生じたときには、道迷いの一歩手前という判断ができる。すぐに対策をとることで、ダメージが小さいうちに抜け出せることになる。

発見時の川﨑。右は第一発見者の女性、左下は川﨑が師と仰ぎ、山歩きの目標にしていたヤマレコ仲間のトシさん(朝明アルパインクラブ撮影)

テーブルランドからゴロ谷へ急崖を落とすボタンブチ。川崎は左下の岩石が積み重なった場所にしがみついてビバークした

③見ず知らずの人に判断をゆだねた

遭難の始まりになったのは、Ｐ９６７手前のコルでR氏に会ったとき、それまで自分でたどってきた行程を放棄して、判断をR氏にゆだねてしまったことによる。それまで正しくT字尾根ルートに乗っていただけに、ここでのミスはとてつもなく大きかった。そして、登山での失敗は、こうした対人関係によるものが少なくないのである。

やや精神論になるが、登山技術や遭難対策に関するかぎりは、自分以外の他人をたやすく信用するべきではない。登山は自分自身の安全を各自で守ることが基本であって、その上他人の安全まで請け負うのは、ガイドのような専門家でないかぎり難しいことである。R氏がベテランであろうと、自分自身のほかに川﨑の安全まで請け負うことはできなかっただろう。同じ問題は山仲間でも起こる。「こいつなら絶対に安心」といえる信頼関係は、そう簡単につくれるものではない。

17日にテーブルランドに抜けて、R氏は助かったと判断した。午後には下山しなくてはいけなかったので、川﨑は無事にT字尾根を下山するだろうと見送って、R氏は自分にとってより確実なルートを選んだのだろう。

川﨑のほうでは、R氏に判断を預けてしまうと、その後の修復はほとんど不可能になった。R氏との関係のとりかたを誤ったために、遭難の程度がずっと大きくなってしまった。

④インターネットだけから情報を得ていた

川﨑は、登山情報のほとんどをインターネットから得ていた。ガイドブックなどを図書館から借りることはあったが、具体的にどこへ行くかは、ネット情報を見て決めることが多かった。

T字尾根は滋賀県側から御池岳に登る一般ルートだが、市販の登山地図では難路またはバリエーションルートの扱いになっている。しかし、ネットにはよく記録が出ており、そこには「中級」「難路」などのグレードは、正確に表示されていないことが多い。代わりに、「意外に簡単」「楽勝」「サクッと登れた」というような、個人的かつ感覚的な表現が少なくない。

筆者が登った印象では、滑落が危険な岩場が数カ所、非常に迷いやすい所が少なくとも2カ所はある。読図技術が必要なルートで、初心者・初級者だけのグループで登るのは危険だと思う。このような批評的な記述は、ネット情報からは得にくい。

同じことが登山技術についてもいえる。筆者が出会った当初、川﨑は「登山技術というものがあることすら知らなかった」と話した。ある程度の幅広さ、奥深さをもった登山技術の体系があり、それは学習して身につけることができる。このような登山の専門知識・技術も、ネット情報では伝わりにくい。ネット情報を利用するのは悪くないが、それには短所や限界があることも考えていく必要があると思う。

⑤遭難捜索と登山ネットワークの可能性

川崎の異変にいちはやく気づいたのは、ヤマレコ仲間だった。毎週、山から戻ると川崎はヤマレコに記録をアップしたり、仲間の記録にコメントしていた。連休明けに川崎の反応がまったくないため、「変だぞ?」となったのである。

下山せずに丸1日が過ぎて、18日から捜索が開始され、翌日には三重県山岳連盟（以下、三重岳連）へ協力要請があったようだ。京都のヤマレコ仲間は1週間の休みを取って、一人で捜索に入った。ノタノ坂駐車場で偶然川崎の妹に会い、三重岳連に頼んだほうがよいとアドバイスしたそうだ。Nを捜索した三重岳連は、御池岳周辺の事情に詳しかったからである。

別のヤマレコ仲間は、川崎からノタノ坂に向かうことを聞いて知っていた。川崎が書き残したメモを、家族はなくしてしまったようだが、川崎がノタノ坂〜土倉岳〜テーブルランド〜T字尾根のルートへ向かったことは、ヤマレコではほぼ推測されていた。

三重岳連の捜索隊は21日から入山し、T字尾根下部とノタノ坂コース下部から、徐々に捜索範囲を広げていった。また、無線の中継ポイントを受け持つ隊員もいた。捜索隊ではないが、近くを歩くヤマレコ仲間たちも協力した。ヤマレコ仲間を含む多くの人たちの協力のおかげで、川崎は発見されたのである。

②房総・麻綿原高原の道迷い遭難

２００３年11月26日、房総半島・麻綿原《まめんばら》高原付近で中高年ハイカー30人のパーティが行方不明となり、地元警察・消防、機動隊など、のべ約３００人が捜索する騒ぎとなった。遭難したのは、雑誌『新ハイキング』（新ハイキング社）が公募したツアーパーティで、男性15人（リーダー役３人を含む）、女性15人の計30人。メンバーの年齢は50～80代で、最高齢は83歳の男性だった。

山岳遭難など縁遠いように思える房総半島の低山（標高３００ｍ台）で、30人もの登山者がこつぜんと姿を消してしまった遭難は、「神隠しか？」とマスコミを騒然とさせた。この遭難は、初級者向けの低山でも起こる道迷い遭難というものを、登山を知らない一般市民へ広く知らせることとなり、道迷い遭難の典型例として語り継がれてゆくことになった。

■迷いやすいコースに翻弄される

一行はマイクロバスとワゴン車で東京方面を出発。石尊山《せきそんざん》の登山口である七里川温泉に９時30分に到着した。近くで畑仕事をしていた老人に声をかけると、「今週も30人ほどのハイカーが石尊山の下りで道に迷った。山を舐めるなよ」と言われた。リーダー役のＳは、「うるさいな、よけいなお世話だ」と思いつつ聞き流した。

9時50分に登り始めた。約30分後に石尊山に登頂し、下りで麻綿原高原への縦走コースに向かったが、石尊山の南西側分岐で方角を誤り、左に行かなくてはいけないのを右へ進んでしまった。ルートは北から南へ主稜線を縦走していく。SはT字路の分岐でコンパスを取り出して方角を確認したが、右のルートが南方向に向かっていたため、迷わず右を取ったのだ。しばらく行ったところで「どうもおかしい」と気づき、ほかのメンバーを待たせておいて戻り、T字路から左のルートを偵察すると、先で大きく迂回して主稜線へ戻っていることがわかった。すぐに待たせたメンバーを無線で呼んだが、そちらでもルートを探している最中で、この一帯で約70分ロスしてしまった。

正しいルートに全員戻り、明るく開けたカヤトの尾根に出たところで、30分ほどのランチタイムを楽しんだ。12時10分に出発し、しばらく尾根を歩いていると、マイクロバスを麻綿原高原へ回送させている運転手から、「途中にあるトンネルが通れない」との連絡が入った。迂回路をとれば麻綿原へ来られないことはなかったが、このときとっさに、「じゃあ、清澄《きよすみ》山（清澄寺《せいちょうじ》）に回ってください」と言ってしまう。麻綿原から清澄寺へは徒歩1時間ほどかかる。先ほどの70分間のロスタイムに加え、行程が1時間伸びて清澄寺へ向かわなくてはならなくなったことが、この後、迷ったときのSの判断に影を落としてゆくことになる。

さらに小さなトラブルが続いた。小倉野分岐の四差路で、再び道を間違えてしまったのだ。十字

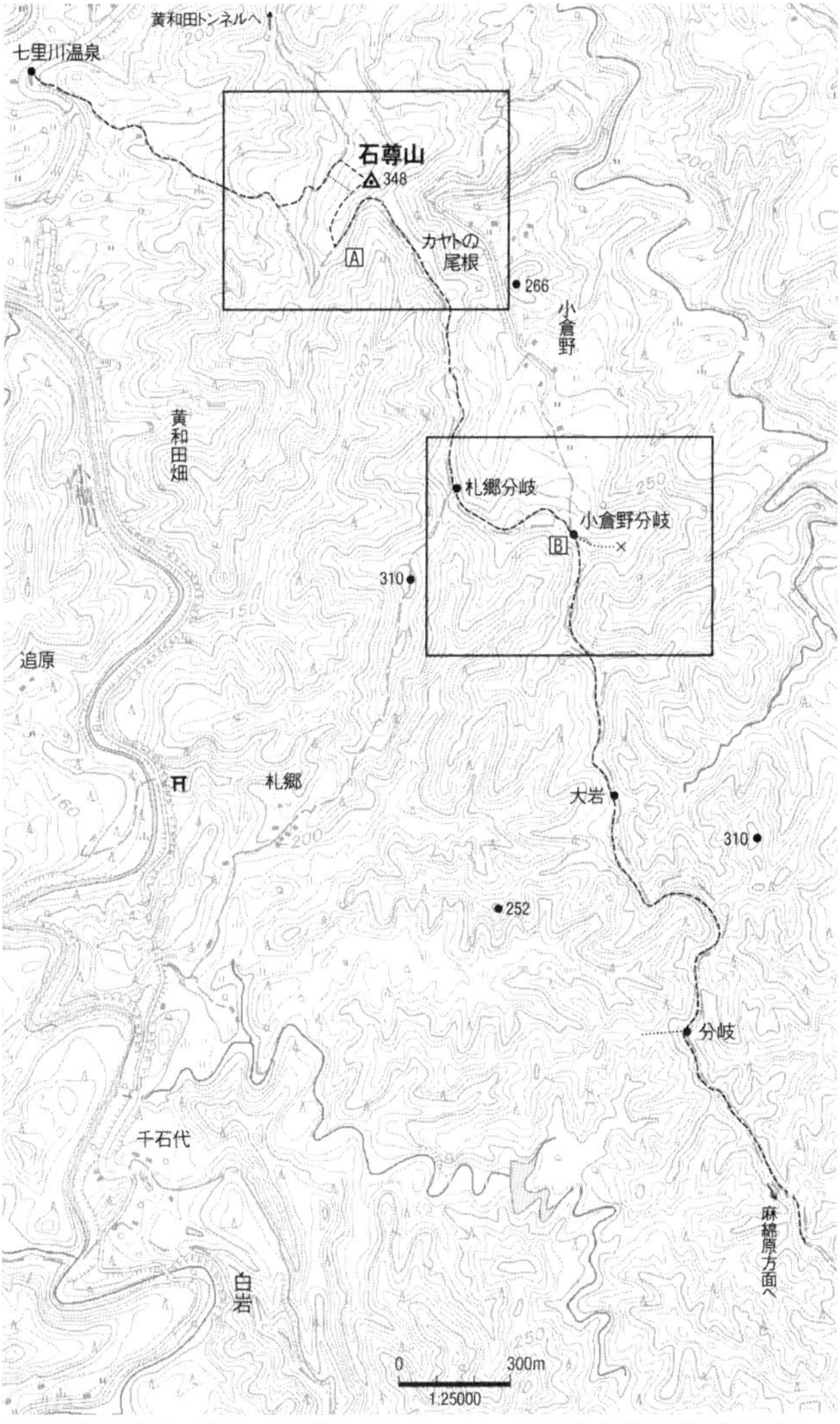

麻綿原高原道迷い遭難：関連地図（前半）　［1：25000 地形図「上総中野」］

路で右折するのが正しいルートだが、稜線上を直進する方向にピンク色のテープを巻いた杭が立っていたため、そちらへ引き込まれてしまった。踏み跡はやがて判然としなくなったので、間違えた方向に進んでいることにすぐに気づいて、分岐まで戻ることができた。Sは報告のなかで、「ここで山行を中止して小倉野に下りて、バスを清澄寺から戻せばよかったですが、長い林道歩きとせっかく来たのだからと踏ん切りがつかず、重大な判断ミスです」と反省を述べている。

尾根には大小のピークが連続し、ルートは稜線上というよりも、ピークを左右に巻きながら続いていた。前日、房総地方には集中豪雨があった。そのため、ぬかるんだ道の上を木の葉が覆い、ただでさえわかりにくいルートをなおさら迷いやすいものにしていた。パーティは苦労しながらも、麻綿原高原に近いところまでやってきた。

小倉野分岐から約2時間歩いた15時ごろ、それまでつながらなかった携帯電話が、清澄寺へ回送しているはずのバス運転手につながった。Sはバス運転手に、「麻綿原高原の手前にいます。予定より少し遅れそうですが、そちらへ向かっています」と連絡した。運転手からみれば、これを最後にパーティは連絡を絶ち、消息不明となってしまう。

■転滑落の危険を避け、ビバークを決断

この直後に、パーティは決定的な第3のミスを犯す。15時を回ったころ、それまでの縦走コース

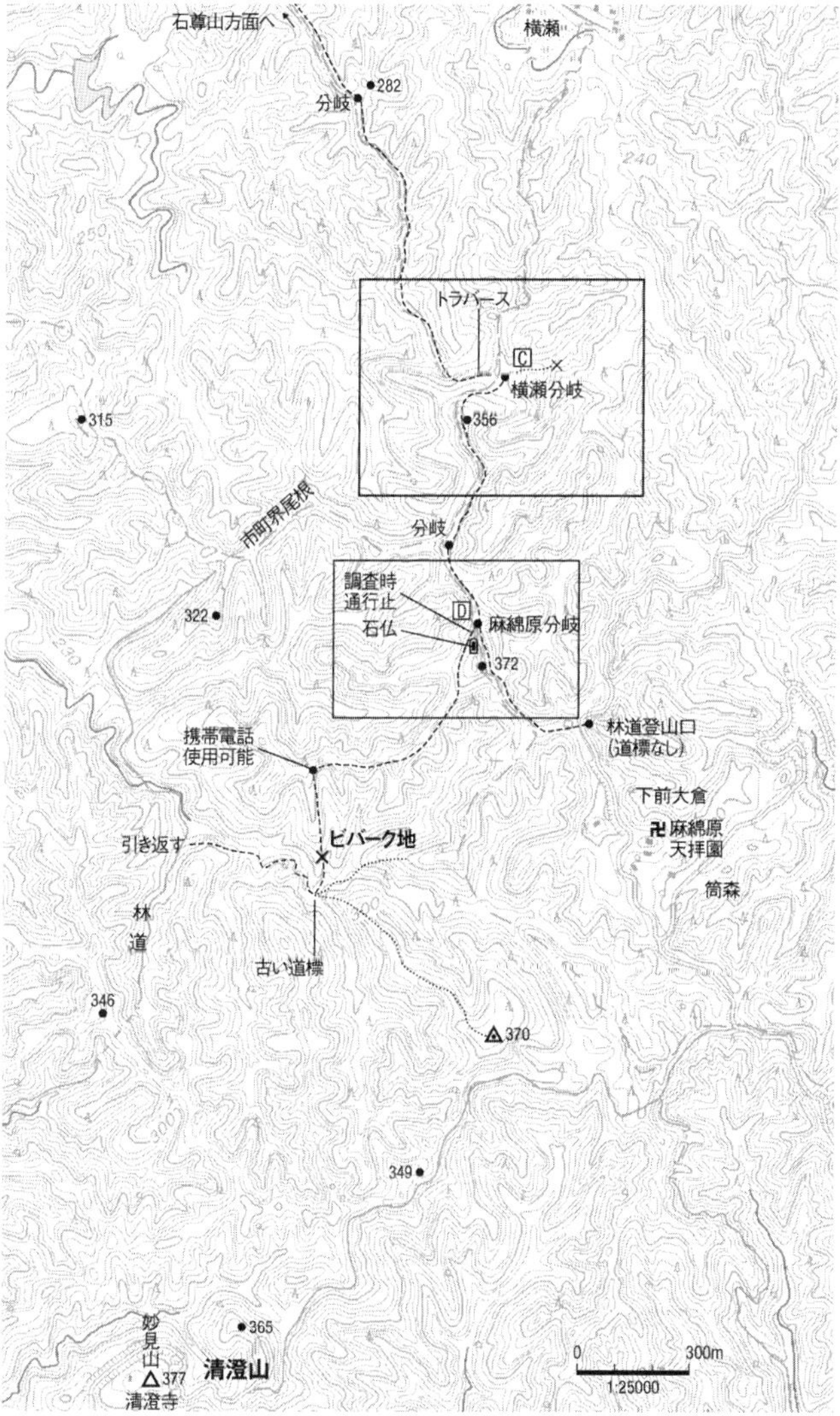

麻綿原高原道迷い遭難：関連地図（後半）　[1：25000 地形図「上総中野」]

から左折する麻綿原高原への分岐を見落として直進してしまった。そこは平坦な三差路ではなく、麻綿原高原への道は左側の３７２ｍピークを越えていくため枝道のように見え、直進する道のほうがメインルートのように見えていた。しかも直進する先には石仏が招き入れるように鎮座していた。パーティは見事に罠にはまり、そのまま20分ほど進んで沢に下り着いた。そこは四辻で、朽ちかけた道標が建っており、「林道20分、清澄山1時間」と表示されていた。

Sは事前に現地に問合せをして、清澄山へ行くには麻綿原高原経由、林道経由、昔の参道（山道）の3本のルートがあることがわかっていた。そこで林道へ向かったが、沢沿いのルートはところどころ崩壊しており、それを高巻いて越えるために、林道へ出るまでに小1時間かかった。時刻は16時を回り、あたりは薄暗くなっていた。そのうえ、林道は清澄山とは逆方向へ向かっているように思えて、清澄山へたどり着ける確信が持てなかった。

林道を行くか、戻って参道を行くか、麻綿原の分岐を探すか、Sは最後の判断をしなくてはならなかった。結局、一部のメンバーがライトを持っていなかったことと、暗い中での行動は転倒・滑落事故のリスクが高いことを考え、時間的にも限界が近づいたため、Sはサブリーダーと協議したうえ、四辻まで戻ってビバークすることを決断した。

ビバーク地へ戻ったときは18時前になっていた。手分けしてスギの間伐材や枯れ枝を集めて焚き火をおこし、火を囲んで車座になり、着られるだけのものを着込んで寒さをしのぐ工夫をしながら朝を待った。夜が更けると目を閉じて眠る者もいた。ウトウトしては寒さで目が覚め、焚き火に当たって暖まるとまたウトウトした。起きている者が交代で火の調整をし、薪を足した。

夜中の2時ごろ、上空高くヘリが飛ぶのが見えた。ヘリの飛行は3回に及び、投光器で山々を照らしながら捜索しているようだった。3時ごろには山の上のほうがボーッと明るく照らされた。捜索隊が上がってきたかと、ヘッドランプを振り回しながら笛を吹き鳴らし、大声で「おーい」と叫んだ。しかし、やがて明かりは消え、尾根は再び闇に閉ざされた。救助後に確認したところ、それはやはり捜索隊で、笛の音は聞こえたがシカの鳴き声と思ったとのことだった。

翌朝6時30分、彼らはビバーク地を出発し、前日のコースを引き返して麻綿原高原をめざした。20分ほど登ったところで無線と携帯電話がつながり、バス運転手と連絡がついた。救助隊関係者から電話がかかってきて、現在地を尋ねられたので、近くにあった杭の番号を伝えると「そばで待つように」と指示された。すぐに消防団員が来て合流し、先導されて麻綿原高原へ向かった。

上空にはヘリが何台も飛び、大騒ぎになっていることがうかがわれた。驚いたことに、尾根から下り始めるとすぐにテレビカメラがいくつも待ち構えて映像を撮り、遭難者にインタビューしようとした。Sは最後尾を歩いて「私が対応するから皆を撮らないでくれ」とお願いした。

麻綿原高原に下りてくると、彼らを待ち受けていたのは殺到した大勢の報道陣であった。「なんで連絡をしなかったんだ！」「非常識だ！」「無責任だ！」など、彼らを批判する言葉が次から次へと浴びせられた。Ｓが「私が話をするから、ほかの人は勘弁してくれ」と言っても聞いてもらえなかった。清澄寺にはさらに多くの報道陣が押し寄せていて、記者会見をせずには収まりそうにない情勢になっていた。記者会見では、ビバークに至る経緯、ビバークの様子など尋ねられたものの、ここでも、「計画が不備だったのでは？」「林道に出たのになぜ引き返したのか？」「どうして連絡しなかったのか？」と、容赦ない攻撃が繰り返されたのだった。

遭難の検証と教訓

①複雑な地形による道迷い

この遭難騒ぎが一段落した03年12月、筆者は遭難原因を検証するために同じルートを実際に歩いた。その結果、遭難パーティが迷った箇所で、ほぼ同じように迷うという結果に驚かされた。同行したＭのＧＰＳがなかったら本当に迷っていたかもしれない。それほど迷いやすいルートだった。参考までに、筆者の登山歴は25年以上（当時）、雪山、クライミング、沢登りの経験豊富、上級者に区分してよいと思う。以下は、遭難パーティと筆者が迷ったルート上のポイントである。

【Ａ石尊山南面】　石尊山へは七里川温泉側から３本の登山路がある。表登山道から石段を登って山頂に立ち、南西の尾根に沿って下ると、尾根を左に外れＴ字路の分岐へ下り着く。ここで、そのまま右・南西方向へ行きたくなるが、正しいのは左折して北東へ向かうほうである。ここは多くの人が間違えるだろう。その理由は、石尊山は北東―南西方向に大きな稜線が走っているが、これは麻綿原高原へ続く稜線ではない。縦走路の稜線はこれと交差する北北西―南南東の稜線なのだが、その稜線が石尊山南面の急崖で断ち切られて、山頂とは連続していない。このように特殊な地形のため、縦走路は単純に主稜線をたどるようにはならず、複雑に屈曲しているのである。石尊山の北東―南西の稜線と急崖は、この向きに大きな岩盤が走っていることを示している。この縦走ルートでは、地中の岩盤の形によって複雑になっている地形を何度も目にすることになる。

【B小倉野分岐】　Ａから札郷分岐を過ぎ、四差路の小倉野分岐に来る。前方に続く稜線上に、ピンク色のテープを巻いた杭が立っており、そこを直進すると東の大きな支尾根に引き込まれてしまう。正しいルートは稜線から右（南）に下るもので、すぐ先で稜線に戻っている。ここでも縦走ルートのある主稜線は直線的ではなく、複雑に屈曲しているため迷いやすい。

【CＰ３５６の迂回路】　３５６ｍピークは北面にめだった急斜面があり、ルートはここを左に大きく巻いてトラバースして、稜線に出たら右に折り返し、３５６ｍの頂上付近で主稜線に戻る。トラバース後に出る稜線を主稜線と勘違いすると、左折して逆方向へ迷い込んでしまう。ここでも石尊山と同様、北側の急斜面で主稜線が断ち切られているため、複雑な地形になっている。

【D麻綿原高原分岐】　直進する道はここから主稜線を外れるが、幅広く明確に続いており、直進

道迷いポイント[A]
石尊山南面

道迷いポイント[B]
小倉野分岐

道迷いポイント[C]
P356 のトラバース

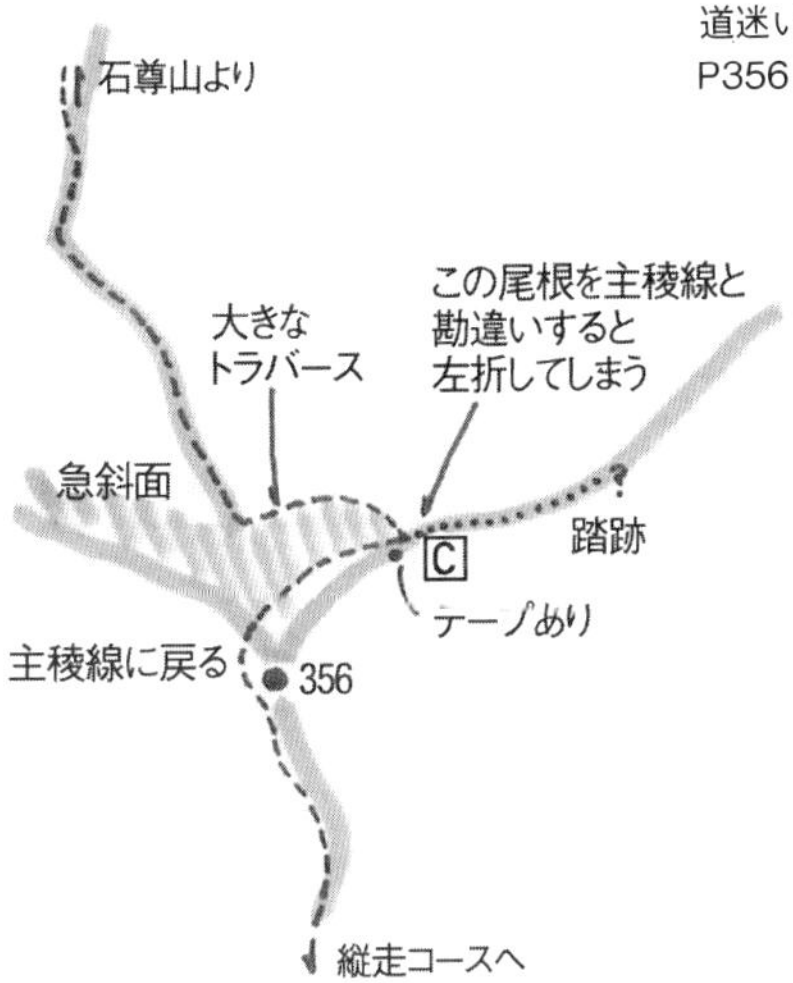

道迷いポイント[D]
麻綿原高原分岐

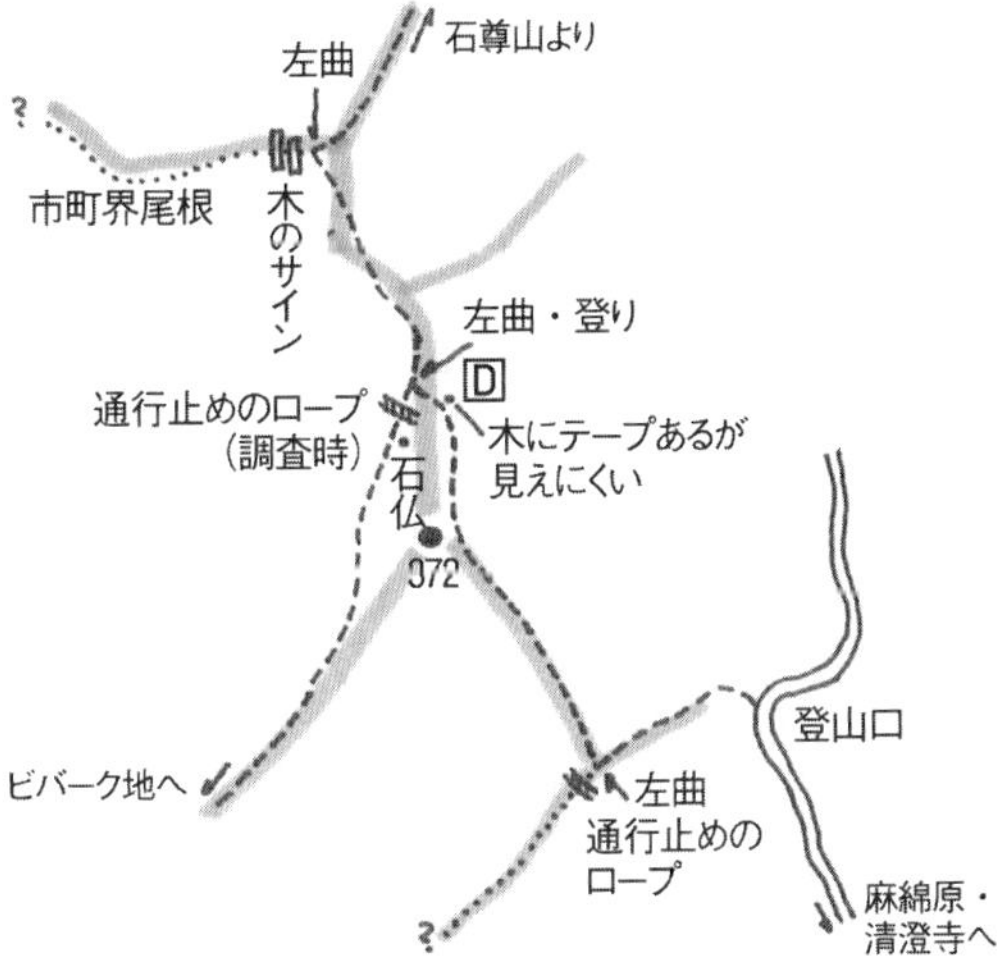

するほうが自然である。しかも、すぐ前方には石仏が鎮座している。麻綿原高原への道は左上に登るため、枝道にしか見えない。ここは遭難パーティが迷ったポイントだが、何もなかったらほとんどの人は直進するだろう（現在は通行止め表示などで迷わないようになっている）。

遭難パーティは、A、B、Dで迷い、A、Bでは引き返して正しいルートに戻れたが、Dでは戻れずに深入りしてしまった。筆者の調査時にはA、Cで迷いかけ、Bでは実際に迷ったが10分以内で戻れた。Dは通行止めのロープがなかったら迷っていた可能性が高い。

このように、本コースは複雑な地形に加え、山道・踏跡の錯綜した非常に迷いやすいコースだった。遭難パーティのリーダーSは記者会見でそのことを語っているが、マスコミをはじめ、ほとんどの人はそれに注意を払わなかった。1・5カ月後の『山と溪谷』04年2月号で、本事例のフォロー記事が掲載された。この記事は、遭難の背景となった「迷いやすい地形とルート」に初めて注目し、道迷い遭難の原因を客観的に検証しようというものだった。

②情報の少ないルート

本ルートは多くの人に歩かれている定番ルートではなかったため、ガイドブックなどの資料が少なかった。当時、石尊山～麻綿原高原の縦走ルートを掲載していたガイド資料は、『分県登山ガイド・千葉県の山』（山と溪谷社）がほぼ唯一のものだった。しかし、その記事を参照してみると、解説はおおざっぱであまり詳しく書かれていない。さらに2万5000分ノ1地形図「上総中野」にも、本ルートの山道（破線記号）はほとんど記載されていなかった。このようなルートを歩く場合、現地で山道の状況と地形図を照合しながら進路を決めてゆく高度なルート判断が必要であった。その意味で、標高300m台の低山でも、けっして初級レベルのルートとはいえない。

実際に歩いてみると迷いやすいところが何カ所もあるうえ、道標などルートの目印（ランドマーク）になるものは非常に少ない。テープなどのコースサイン、地形と道の関係（稜線通しかトラバースか、など）、踏み跡の明瞭さなど、五感を駆使しながら総合的に判断できなければ、たちまち現在位置を見失ってしまうだろう。低山ハイクのルートは、時として本格的登山よりも迷いやすいということを、思い知らされる難ルートであった。

（注）その後ルート整備が行なわれたため、現在は迷いにくくなっているらしい。ただし、本ルートの一部は東大演習林の境界線を通っているので、無届での入山は認められていない。

③登山集団としての遭難対策

道に迷っただけでは、まだ遭難ではない。登山者が自分で登山を続けられなくなったと判断し、本人または第三者（家族、所属団体など）が救助要請をしたときに、初めて遭難発生となる。その意味では、本事例はバス運転手が警察に通報した時点で遭難になった。通報がなかったら下山が半日遅れても遭難ではなく、延べ３００人の捜索隊も出動することはなかった。

このようなことを考えて、筆者の所属山岳会では、下山予定日に下山しない場合には、遭難対策の準備をしながらも、最大24時間まで警察へ通報せずに待機するように決めている。こういう申し合わせは「遭難対策要項」のように文書化しておくと、事が起こった場合にも混乱しない。

本事例のパーティはどうだったのか。バス運転手は会本部へ連絡し、「何より人命が大事だから警察に連絡してほしい」との指示に従って救助要請した。しかし、登山知識のある人が想像力を働かせれば、ルートを誤って下山できずにビバーク、と推測するのは難しいことではない。

３人のボランティアリーダーが27人の参加者を引率する登山は、営利目的でなくても、やはり「ツアー登山」である。引率リーダーには相当の実力が必要であると同時に、遭難に備えたリスク管理体制が必要である。しかし、本事例では通信手段（携帯電話・無線機）は持っていたものの、危急時にどう対応するか、明確な方針は決められていなかったように思われる。

④登山に対する社会的な無理解

マスコミに本格的に登場した道迷い遭難だったが、遭難者グループをバッシングする一方で、本当の遭難原因がどこにあったかは、ほとんど追求されなかった。低山特有の道迷いの危険性、迷ったときにどう対処するべきかなど、重要な問題点が掘り下げられることはなかった。

遭難した中高年グループの準備不足、無謀登山、技術的な未熟さゆえに遭難したのだという、ステレオタイプな批判ばかりがめだった。そのように言う人たちの根本にあるのは、「観光地に隣接した、わずか4時間の初級コース」「低山ハイクは簡単で安全、遭難するはずがない」というように、逆に山への無理解、山を舐めきった感覚ではないだろうか。

昔なら登山をやめている年齢の人たちが、実行可能なレベルまで下げたうえで、彼らなりに自然の中で冒険的な遊びを楽しんでいる。そのことに対する共感も、尊重の精神もなく、ただ、社会に迷惑をかけたとバッシングするだけなのである。いつのころからか、日本では遭難者がマスコミに叩かれ、一般市民からも批判・攻撃されることが、宿命のようになってしまった。このように、遭難者が不利になる状況のもとでは、本人への攻撃材料にされかねない遭難情報は公開されないようになってしまう。その結果、遭難事例の検証はますます難しくなってしまうのである。

以後10年間以上、道迷い遭難が増加し続けていったのは、登山界も含めて、私たちの社会が根本的に道迷い遭難を軽視しており、本気で向き合ってこなかったからではないだろうか。

③ホワイトアウトの雪原を環状彷徨

岩手県一関市に住む渡辺幸司・弥生（仮名）夫婦は、２００６年３月下旬の栗駒山頂上で迷い、一夜明けたのち発見、救助された。ここでは先入観なしに遭難を考えてもらいたいために、当事者の年齢を出さずに、本事例を紹介してみたい。

■ホワイトアウトの山頂へ

彼岸の中日である3月21日、朝起きると、穏やかな晴天だった。渡辺弥生はテレビの天気予報を確認して、「天気いいねー。お父さん須川《すかわ》行こうか。下りたら温泉に寄って、帰りにお墓参りすればいいよね」と、夫の幸司に言った。栗駒《くりこま》山の岩手県側の名称が須川岳で、地元では「須川」と親しみをもって呼ばれている。

弥生は手早く昼食のおにぎりを用意した。「暖かいからもう冬装備はいらないね」と、冬用のアウターではなく、ソフトシェルのジャケットにした。その代わりに、雨具の上下を忘れなかった。アンダーウェアは薄手＋厚手の２枚、行動着と保温着を兼ねるフリースも２枚。厳冬季用のアウターはないものの、ウェアの選び方は慎重だった。ただ、彼らの装備でいつもとちがっていた点は、ザックにお墓参り用の線香が入っていたことだった。

1時間もたたずに、二人は登山口に向かって車を走らせていた。弥生は助手席から山をながめ、東栗駒山の上に小さな雲がかかっているのを見た。「いやな雲だな」と思ったが、頂上に近いほんの一部分だったので、それ以上気にかけないことにした。

8時25分、宮城県側登山口の「いこいの村」着。「いこいの村栗駒」に登山届を提出した。渡辺夫婦にとって栗駒山は最も親しい山、いわば裏山のような存在だった。夏山、秋山、1〜3月の雪山と、毎年3回はこの山に登る。いつ登っても栗駒山はやさしく穏やかな表情で迎えてくれる。これまで苦労させられた記憶は一度もない。朝起きて天気がよかったなら、「ちょっと登ってこよう」と、気軽に登れる山なのだった。

コースはこの「いこいの村」からがほとんど。夏は上のイワカガミ平まで車が入るが、雪山は「いこいの村」がスタートになる。約1時間のラッセルで、9時35分、イワカガミ平に到着。天気は曇りに変わり、ときおり雲の間から青空がのぞいていた。

ここから2時間も登れば、余裕で栗駒山の頂上に着く。夏道は中央コースと東栗駒コースのふたつに分かれているが、雪山は斜面の歩きやすいところを登っていけばよい。雪の少ないときなら、ブッシュの間に夏道の踏跡をひろいながら登れることもある。だいたい中央コースに沿いながら、少し右寄りの斜面を登ることが多かった。

宮城県栗原市から望む春の栗駒山と、右方に続く台地状の東栗駒山。
中央コースは正面のなだらかな斜面から山頂右の稜線へ登る

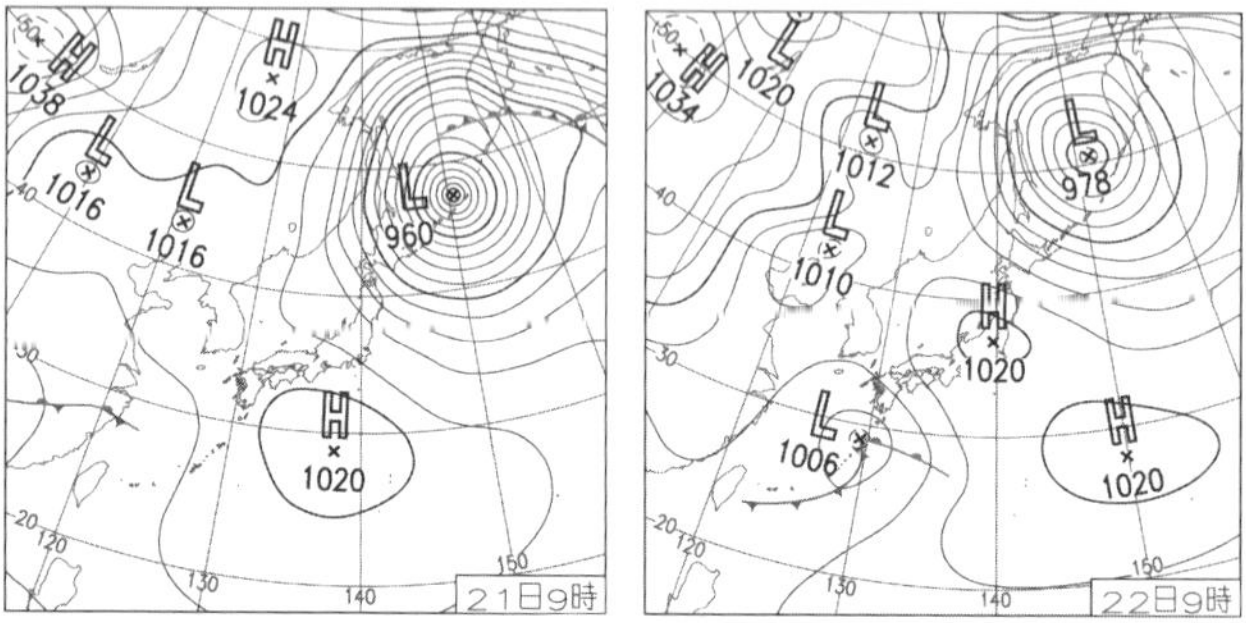

遭難時の天候　日本付近は移動性高気圧の下にあり、おおむね好天だったが、北日本では寒気の影響で曇りや雪のところもあった。栗駒山の悪天候も局地的なもので、大きな崩れでなかったことは幸運だった。

上のほうにスキーヤーが一人先行しており、後方からも登山者が二人登ってくるのが見えた。山頂直下まで来ると吹雪のようになり、先行していたスキーヤーが引き返してきた。「頂上に登っても何も見えないからやめた」と彼らは言い、下山していった。

弥生は急に不安になった。

「お父さん、引き返そうよ」幸司に言うと、

「もうすぐ頂上だから、俺は行ってくる。あんたは戻れ」

弥生は離れ離れになるのはまずいと思い、仕方なく幸司に従った。

登山パーティには、具体的なとりきめはなくとも、リーダーと呼べる存在がいるものである。渡辺夫婦が二人で登山をする場合、実質的なリーダーは妻だったといえる。弥生は若いころに登山経験があり、仕事や子育てのブランク後に、登山を再開した。山に熱中する妻の情熱に引っ張られるように、夫も登山を楽しむようになった。

このときバラバラに行動しなかったことは重要だった。もしバラバラになっていたら、どちらかひとり、あるいは二人とも助からなかったのではと、筆者には予想されるのである。

11時42分、山頂到着。吹雪はますます激しくなり、完全にホワイトアウトになった。寒さのせいかカメラのシャッターが下りなくて、手で温めてやっと写真を撮った。「もういい。下りよ、早く下りよ」2、3分もせずに、二人はもと来た方向へ下り始めた。

■リングワンデリング

ガスが濃く、周囲がまったく見えないなか、幸司を先頭に下る。何度も通ったいつもの下りだったが、幸司は何かおかしいと思った。見えるものは、足元の雪面ばかり。そこにはブッシュかハイマツが凍りついて、こんもりと盛り上がった雪形があった。

それが違和感の原因であることに、幸司は気がついた。下降ルートには、ブッシュはなかったのではないだろうか？　さほどの登り返しも感じないままに進むと、なんとまた頂上に出た。栗駒山頂には神社の祠があるので、間違えることはない。

「えっ、何で？」と驚いた。これは、リングワンデリング（環状彷徨）というものなのか。

先頭を交替し、弥生が先導して下る。頂上の右側に雪庇が出ている可能性があった。雪庇を避けるために左寄りにルートをとる必要があったが、それで左に寄りすぎたのがリングワンデリングの原因ではないだろうか。そこで、雪庇側に近づき、ブッシュの雪形のない部分にルートをとった。

しばらくして、弥生はアップダウンの続く雪原を黙々と進んでいた。

「登っているぞ。どこへ行くんだ」

幸司に言われて、弥生ははじめて、自分が登っていることに気がついた。言われるまで登っているという感覚はなかった。それなら先へ進みすぎて、東栗駒のほうへ向かっていると思い、

「東栗駒へ登ってる……」

もう混乱が始まっていたのか、幸司には意味の通じない答だった。

しんと静まった白い世界。ときおりたがいの姿も見えず、気配も感じなくなる。声をかけ合いながら進む。ガスのなかに物体が見えてきた。

「東栗駒かな。あら、神社がある、神社の屋根が見えた。あれー？」

3度目の栗駒山頂だった。

幸司は最初の頂上直下からゴーグルをしていたが、弥生は眼鏡で吹雪のなかを歩いていた。それが悪かったのかと、幸司は妻を思いやった。

13時26分、携帯電話を試みると、幸い長女につながった。もっとも、以前にも山頂から携帯電話をかけたことはある。通じる可能性が高いことは知っていたが、長女が出るとはかぎらない。「道に迷って視界もきかない。17時までに連絡がなかったら、警察に通報するように」と伝えた。このときの電話1本が、迅速な救助活動の決め手となったことはいうまでもない。

■白い闇のなかを迷う

通常なら、いこいの村まで2時間。17時までには、少なくともイワカガミ平には下りられるだろう。天候もよくなっていくだろう。二人はまだ、遭難しない確信をもっていた。

気をとりなおして、3度目の下山にかかる。南南東をコンパスで確認。その方向には雪庇がある が、危険のないかぎり雪庇側に寄って下った。前2回よりも、かなり右寄りに進んだ感じだった。少し風雪が弱まり、視界がきくようになったと、幸司は感じた。

先行して歩いていた弥生は、突然、何かを踏み抜くか、踏み外すかしてグーンと落ちた。何も見えない白い闇のなか「ワーッ！」と叫び、幸司と離れてしまうと思い、「あーっ！　お父さーん、お父さーん」と呼んだ。

すると、なぜか隣に、幸司がコロコロッと、転がり落ちてきた。かなり急な斜面を、2回でんぐり返ししたと幸司は言った。どうしてあのとき同じ場所に二人が滑落できたのか、弥生はいま思い起こしても、不思議で仕方がない。

登り返さなくてはいけないと思い、弥生は必死でラッセルした。垂直近くにも感じる壁に、軟雪が乗っかっているような急斜面に感じた。ズリ落ちる粉雪をだましながら登り、上へ出るのに1時間半ほどかかった。15時、滑落した沢底から脱出すると、そこには見慣れたイワカガミ平へのなだらかな斜面が広がっていた。二人は元気を取り戻して、快調に下っていった。コンパスもときどき取り出して、方角を確認していたつもりだった。

しかし、再び見慣れない深い沢底にいることに気づいて、二人はがく然とした。どう見てもイワカガミ平へのコースではない、はじめての場所だった。しかも、振り返って見上げた側壁に、雪庇のような黒い影がかぶさって見え、いまにも雪崩れてきそうだ。

15時40分、この日の登山開始以来、じつにはじめての休憩だった。おにぎり、バナナを食べ、ぶどう糖をお湯で飲み、立ったまま休んだ。二人とも口に出さないが、もはや遭難の現実を受け入れないわけにはいかない。そのわりには、案外冷静でいられたことが意外だった。

ここは危険な場所なので、脱出しなくてはいけない。弥生はふたたび左側壁を登る。粉雪のラッセルはきびしく、真上には登れずに、右へ右へとそれながら上がっていった。17時10分、やっと上へ抜け出して、台地状の上を左へ戻るようにトラバース。暗くなってきたが、よい場所を探して、きちんと雪洞を掘る気力は残っていなかった。わずかな穴を掘り下げ、ザックを敷いて、疲れ果てて座り込むだけだった。

■間一髪の救出

弥生は斜面に座り込んだまま放心状態だった。幸司が横になるように言っても動かないので、腕をつかんで座らせた。顔にかぶったレジャーシートが、風で飛ばされた。幸司が自分のシートを渡すと、それをまたかぶった。

冷たいおにぎりを出したが、それを口に当てたまま動作が止まり、無言で一点を見つめている。食べ物の入ったランチボックスのジッパーがなかなか引けず、ようやくあけたランチボックスも、食料ごと風に飛ばされてしまった。さらに、2枚目のレジャーシートも風で飛ばされてしまった。

19時ごろ、幸い風雪が少し収まり、星空が広がってきた。横になると弥生も少し元気になった。

「ここで死んでられないよね」と言い、山の歌を歌ったりして眠らないようにした。

20時30分ごろ、晴れた夜空に、ピークが3つある山稜の影が浮かび上がった。幸司はその稜線上に2カ所の灯りを認めた。弥生には、その背後の空全体が光っているように見えた。22時ごろ、稜線の左下に光の列が現われ、ユラユラと動いて見えた。

「おい、捜索隊だ。来たぞ。」

こんな夜中でも、助けに来てくれるのか。幸司は感激した。

「おーい！　おーい！　おーい！」

二人で懸命に叫び、ヘッドランプのスイッチをカチッ、カチッ、カチッ、と押して、点滅させ続けた。しかし、10分ほどたつと、フッとその灯りは消えてしまった。あきらめて帰ったのか。二人はとてもガッカリしてしまった。

23時、「あと6時間！」弥生がコールしてくる。幸司は夜中に2回トイレに立った。全身がふらついて、まっすぐに立っていられなくなっていた。弥生は立ち上がることもできず、「どうでもいいや」と、トイレを放棄した。

4時、幸司は寝ないように「寒い！　寒い！」と、声に出して唱え続けた。その声が途切れると、

「寝てるのーっ！」と、今度は弥生が叫んだ。

5時、ついに空が白み始めた。夜中に見えた灯りの方向がイワカガミ平だと信じていたので、「5時30分になったら動き出そう」と、出発準備をした。二人とも手指が腫れて、ヒモやジッパーが持てない。幸司のザックは雪が入りめちゃくちゃだ。弥生はワカンが履けず、目が見えないと口走っている。幸司は、弥生をその場で待たせ、自分ひとりで救助を呼びに行くことを説得した。

5時30分ごろ、幸司は歩き出し、氷結した斜面で転倒して10ｍほど滑落した。振り向くと、２００ｍほど後方から、弥生がはいつくばってあとを追ってきた。

「待って！　置いて行かないで！」

今しがた話し合ったことを忘れたのか、置き去りにされると思い、必死に叫んでいたのだった。

そのとき、爆音がして、稜線からヘリが現われた。最初は1機、さらにもう1機。弥生の近くに救助隊員が降り立つのを見て、幸司は引き返した。弥生がまず隊員に背負われて、ヘリの着地点に運ばれ、ヘリに引き揚げられた。つづいて幸司も収容された。

病院へ運ばれた二人の診断は、低体温症と凍傷だった。とくに弥生は体温31・4℃、意識混濁という重い症状で、即、集中治療室に入院した。低体温症は体温32℃を下回れば死にいたる場合もある。いくつかの幸運が重なり、これ以上ないほど最速のタイミングで二人は救助された。あと30分でも1時間でも救助が遅れていれば、相当に危険な状況だったと考えられる。

遭難の検証と教訓

①どこを迷ったのか？

渡辺夫婦にインタビューしながら、筆者は二人の迷った経路を具体的に確認したいと思った。地図に記入した経路は、聞き取った内容を手がかりに筆者が推定したものである。

栗駒山は山頂の北側が緩斜面、南側が急斜面になっており、その境に雪庇が出ていることが多い。リングワンデリングの可能性があるのは、当然、北側斜面である。作図は、1回目約５００ｍ（標高差±50ｍ）、2回目約７００ｍ（標高差±80ｍ）として描いているが、もちろん仮定のものである。時間的にみて、1回目は約40分間、3回目は約60分間の彷徨であった。

3回目に下山を試みて、二人は栗駒山北面へ迷い込んでいく。その経路は、前2回よりも右（東）寄りにスタートし、まず深い穴のような場所へ滑落する。ここは地図上からはわからない、吹き溜まりなどでできた雪穴だったと推測される。小規模な雪庇を踏み抜いたのかもしれない。ここから登り返すとき、方向感覚が大幅に狂ったのではないか。

抜け出したところに、ちょうどイワカガミ平への斜面と同じぐらいの傾斜の斜面があった。二人は喜び、しばらくは快調に下るが、30分ぐらいいして宮城県側にはない沢のようすに気づく。ここで踏みとどまることができたことに注目したい。このとき気づかずに下り続けたなら、さらに危険な

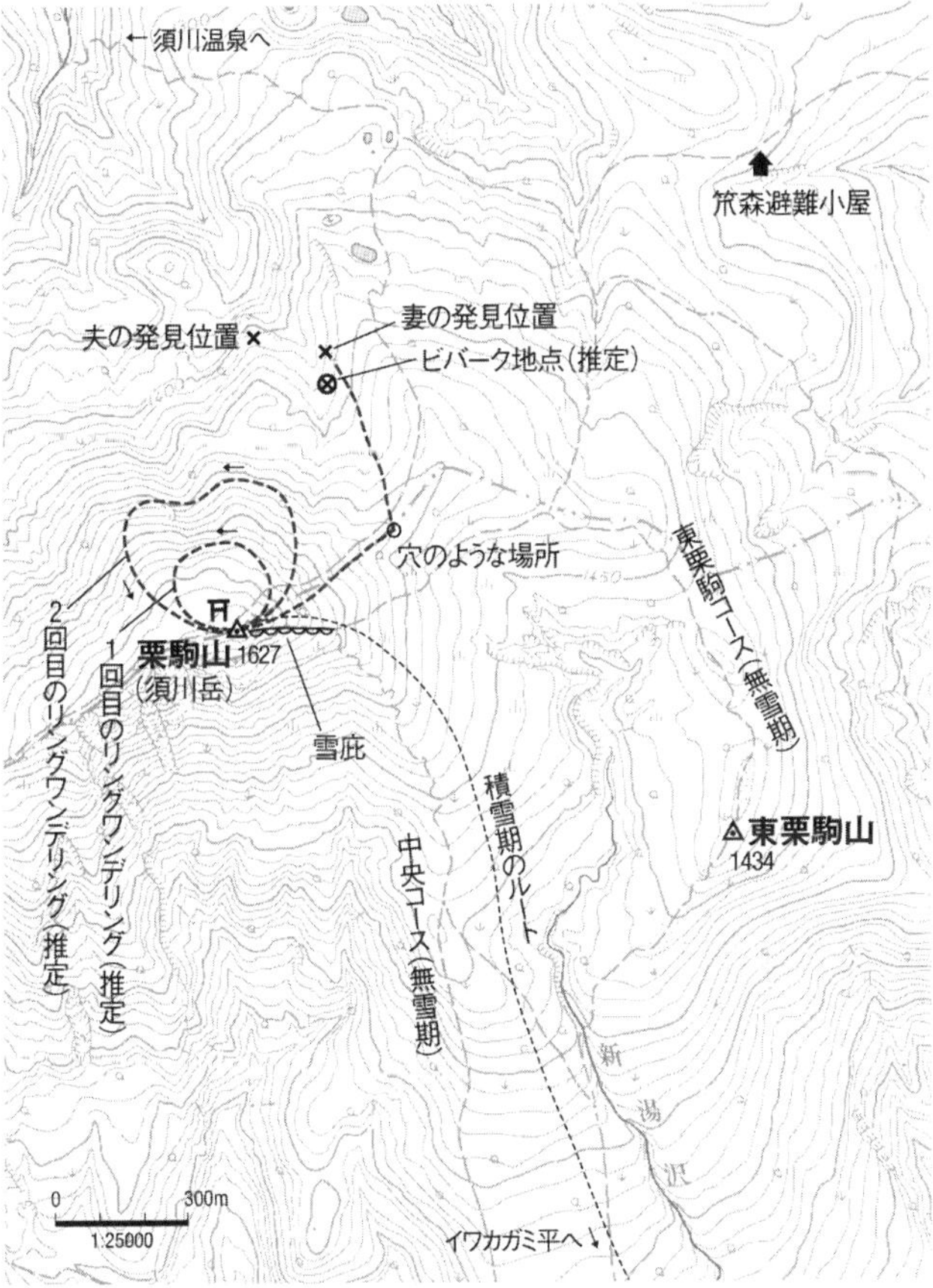

迷ったルートは、稜線右側の雪庇を警戒するあまり、左へ、左へとそれていったことが一因と考えられる。東方向へ一定距離を進んだあと、思い切って南へ方向転換しないとイワカガミ平方面へ下ることはできない。
（注） 元地図のグレーの破線記号は夏道の登山コース。積雪期には雪の下になって見えない。[1:25000 地形図「栗駒山」]

領域へ踏み込んでいたはずである。栗駒山のコースを二人が熟知していたために、ここで「おかしい」という感覚を持てたのである。

②低体温症の恐怖

道迷いに続いて彼らを襲った危機は低温だった。貴重な二人の証言から、妻・弥生が徐々に低体温症に陥って異常をきたしてゆく様子がわかる。

低体温症とは、通常は37℃に保たれているコア体温（心臓・肺・脳の温度）が、35℃以下に低下した状態のことである。体温を低下させる原因は低温、風、濡れの3つ。登山中は低体温をもたらす低音、強風、濡れの悪条件はひんぱんに起こり、防御行動が遅れると、短時間で低体温症になることもある。コア体温が36℃に低下すると寒さを感じて震えが始まる。35℃で震えが最大になり、疲労した様子や、周囲に対して無関心に見えるなどの症状が出る。34℃で意識障害が現われ自力回復は不可能になる。32℃以下で危険な状態となり、さらに進行して死亡することも少なくない。

低体温症は09年7月に起きたトムラウシ山大量遭難で注目され、それを境に、登山界の低体温症に対する認識は大きく変わった。低体温症による死亡遭難事例は、その実態がよく知られなかったために、以前は「未熟な登山者による初歩的なミス」でかたづけられていたのである。現在では、体温低下に対する防御行動が遅れると対応不可能になってしまうこと、そして、意外に短時間で低体温に陥ってしまうこと、低体温症の前兆とされていた「震え」の症状がなくても低体温に陥るケースがあることも指摘されている。

③二人の失敗と、生還できた理由

二人はたしかに失敗した。悪天候になっていたのに頂上直下で引き返さなかったことと、ルートが不明になりがちな雪山に、2万5000分ノ1地形図を持参しなかったことである。また、ビバークの技術がなく、ツエルトを使って身を守ることもできなかった。

二人が初級者かベテランかといえば、やはり初級者といえるのだろう。初級者だから、地形図を駆使した詳細な読図やナビゲーションはできず、ツエルトを使ってビバークすることができなかったともいえる。もちろん、雪山に安全に登れるようになりたいなら、読図技術、ビバーク技術を身につけたほうが絶対によいと断言できる。

それでも、筆者は彼らを批判する気持にはなれなかった。二人は栗駒山を愛し、きめ細かに歩いて山をよく知っていた。だから、最悪の結果になる手前で食い止めることができた。それは、渡辺夫婦の登山の実力と経験であると思う。今後、初級者で雪山登山を楽しみたい人は増えるだろう。自分の実力を超えないようにしながら、安全な山登りを楽しんでほしいと願うのである。

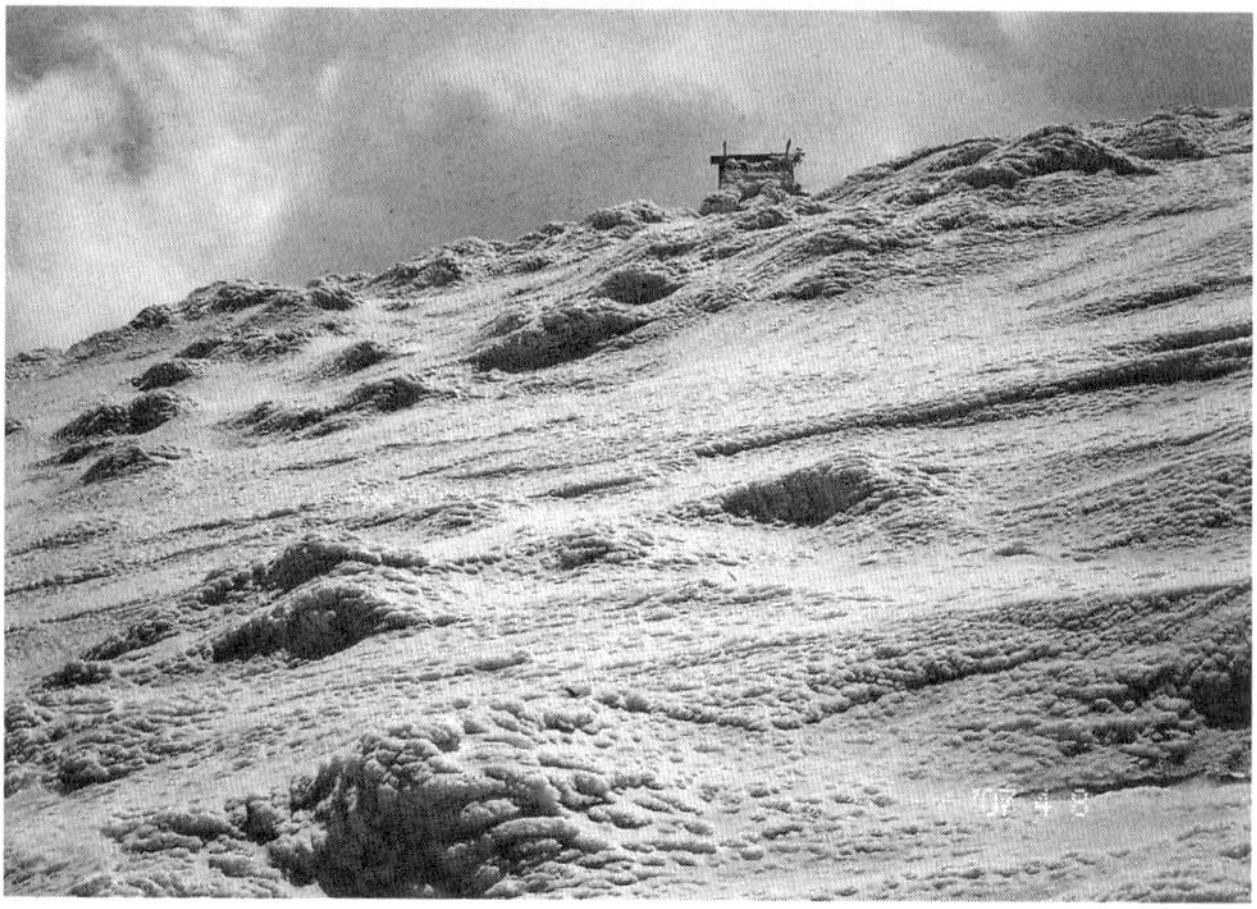

迷い歩いた頂上の北斜面。雪コブがある(遭難者撮影、下も)

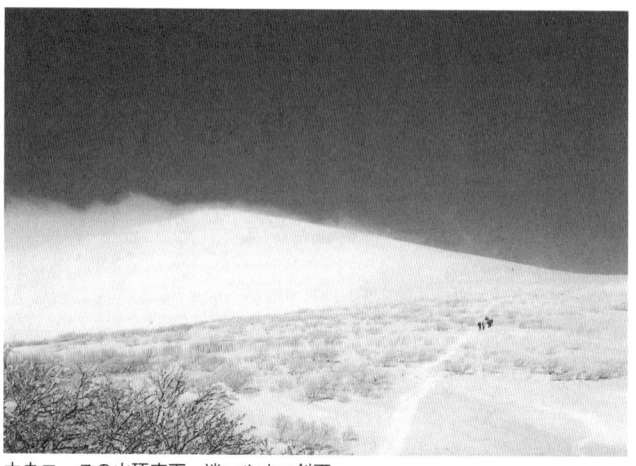

中央コースの山頂直下。迷いやすい斜面

第2章

さまざまな道迷い遭難の起こり方

①統計データにみる道迷い遭難

道迷い遭難とは、山で登山ルートを迷い、自分のいる場所がわからず、自力では行動できなくなって遭難するという、山岳遭難の起こり方（＝態様）の一つである。

山岳遭難はその原因、または起こり方によって区分される。「道迷い」による遭難は、現在、統計上では最も多い。２０１３年には全国で２７１３人（２１７２件）の山岳遭難が発生したが、そのうち「道迷い」によるものは１１３４人、人数比にして約42％を占めた。道迷い遭難は年々増加する一方で、山岳遭難の原因（態様）別で最も多い状況が続いている。このため、道迷い遭難への対策が、山岳遭難を減少させる決め手の一つであると考えられてきた。

道迷い遭難がなぜ多いのかを考えるために、別の角度から遭難統計データを検討してみよう。長野県内で発生した山岳遭難について原因（態様）別の統計グラフを見ると、全国統計とはまったく違った状況になっている。つまり、最も多いのは「転落・滑落」で、次に「転倒」「病気」「疲労・凍死傷」と続く。「道迷い」はそれほど多くはなく、人数ベースで約13％にとどまる。

長野県内で行なわれている登山の対象は、北・中央・南アルプスや八ヶ岳連峰をはじめとする高山・深山が中心である。このような山々は、登山ルートが明瞭で、登山道の整備もしっかりと行な

原因別遭難者数(全国・2013年)　＊(　)内は人数

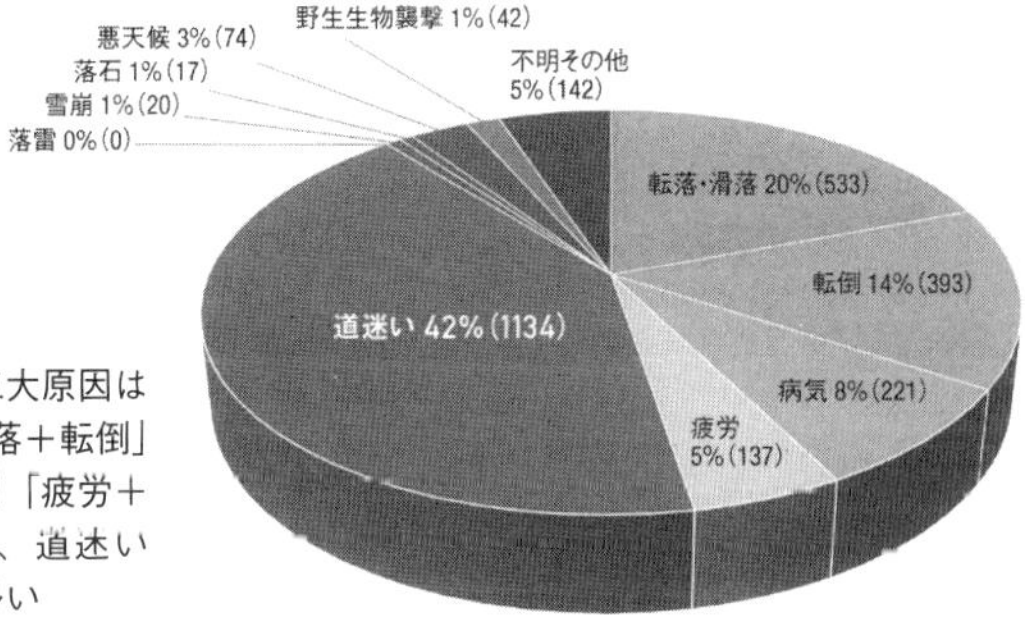

遭難の三大原因は「転・滑落＋転倒」「道迷い」「疲労＋病気」で、道迷いが最も多い

原因別遭難者数(長野県・2013年)　＊(　)内は人数

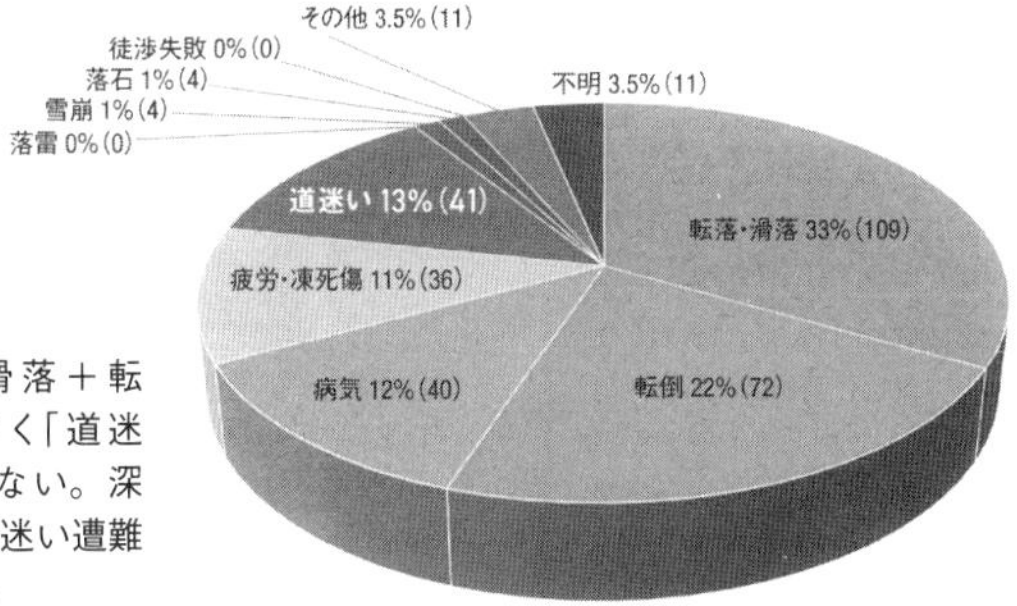

「転・滑落＋転倒」が多く「道迷い」は少ない。深山型の道迷い遭難が起こる

原因別遭難者数(兵庫県・2009-13年)　＊(　)内は人数

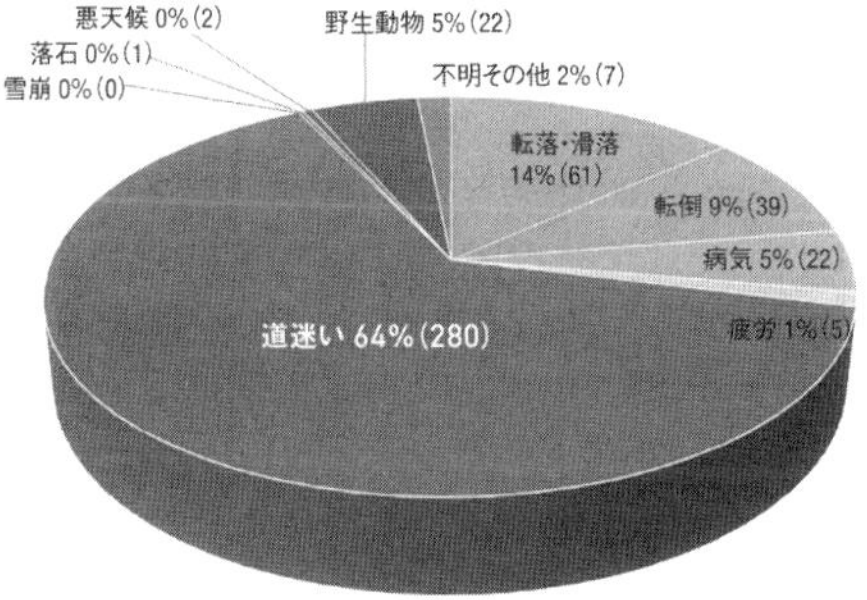

「道迷い」が極端に多く、ほとんどが近郊型の道迷い遭難。無事救出の事例が多い

われているため、道迷い遭難は起こりにくい。その一方で、急峻な岩場、ガレ場、残雪・雪渓などの影響から、転落・滑落や転倒事故の多いことがデータに表われている。

もう一つの例として兵庫県のデータを紹介しよう。5年分を集計した原因（態様）別統計グラフを見ると、ここでは「道迷い」が圧倒的多数で、遭難者数のうち約64％を占めている。ほかに「転落・滑落」「転倒」「病気」や、「野生動物」（イノシシ）の項目もあるが、それらの割合は少ない。兵庫県で最も遭難の多い山域は六甲だが、ここは典型的な都市近郊の低山で、市民が気軽に訪れてハイキングや自然散歩を楽しんでいる。兵庫県内にある六甲以外のエリアも、生活圏に近い低山ハイクの領域であるものが多い。これらの山々は初級者向き、安全で、遭難などめったに起こらないと考えられてきたのだが、実際には意外に迷いやすく、ルート情報が得にくいケースがあることは第1章でも紹介した。道迷い遭難が多いのは、じつはこのような山々なのである。

一番目の全国統計のグラフは、各都道府県警から報告された数字を警察庁が集計したものである。長野県、兵庫県をはじめ、全部をならした結果が約42％の比率になっている。以上をまとめると、

①道迷い遭難は、都市近郊の低山エリアで最も多発している。

②道迷い遭難は、発生数は少ないが、高山・深山の本格的登山エリアでも発生している。

①を〝近郊型〟の道迷い、②を〝深山型〟の道迷い、ととらえることができる。また、両者の要素が混じり合った③〝中間型〟と考えられる事例もある。

②全国で起こる道迷い遭難

Ｐ62～63の地図は、新聞などのマスコミ報道、インターネット情報などを資料として、２０１３年中のおもな道迷い遭難の発生地点を示したものである。

道迷い遭難は全国どこの山でも起こる。地図にも現われているように、北海道から南西諸島まで、高山・低山を問わず起こっている。しかし、そのなかでも、首都圏と近畿圏の二大中心地に近づくほど多い。そして、埼玉・東京・神奈川西部から山梨東部にかけてと、鈴鹿、大峰・台高、比良のあたりが最も集中している。

すでに述べたように、道迷い遭難は１種類ではなく、幅広いパターンを含んでいる。

①〝近郊型〟の道迷い

都市近郊の低山では、作業道、生活道などが入り組んでわかりにくいため、登山コースを外れて迷ってしまう。落ち着いて対応すれば救出されることがほとんど。

②〝深山型〟の道迷い

都市圏から遠く離れた深山・高山で迷うパターン。通信手段がないかぎり発見されにくく、自力脱出も難しい。非常に危険な遭難形態といえる。

2013年
道迷い遭難地図

天塩岳 2/17
暑寒別岳 6/16
積丹岳 *SK 6/1
恵庭岳 11/2
遊楽部岳 5/25
白神岳 6/15
三ツ石山 3/30
岩手山 7/15
神楽峰 *SK 3/4
黒姫山
5/15
谷川連峰
1/6・4/29
鳥海山 8/21
巻機山
10/4・10/15
湯殿山 6/15
鳴子温泉周辺 10/22
月山 11/3
船形山 4/14
飯豊連峰
5/7・7/15・10/5
黒鼻山 9/18
刈田岳 *SK 1/14
後烏帽子岳 10/12
日本平山
*TR 5/27
吾妻連峰
1/13・6/2・6/3
那須連峰
4/5・9/23
苗場山
7/24・10/4
霧降ノ滝 11/1
赤岩岳 10/14
地蔵岳 5/14
A
B
奥多摩
10/6・10/19・11/3
古賀志山 1/5
庚申山 10/13
庚申川 8/13
宝山 4/29
倉見山 10/8
愛鷹山 8/8
鶴ヶ鳥屋山 9/18
富士山
1/3・5/30・10/29
鬼ヶ岳 2/24
竜爪山 2/4
［A 奥秩父主脈］
妙法ヶ岳 9/1
入川股ノ沢 6/12
西沢渓谷 11/4
金峰山 11/9
瑞牆山 8/26
［B 奥秩父前衛と大菩薩］
乾徳山 9/7
岩殿山 11/5
オッ立 3/10・11/30
棚洞山 11/30

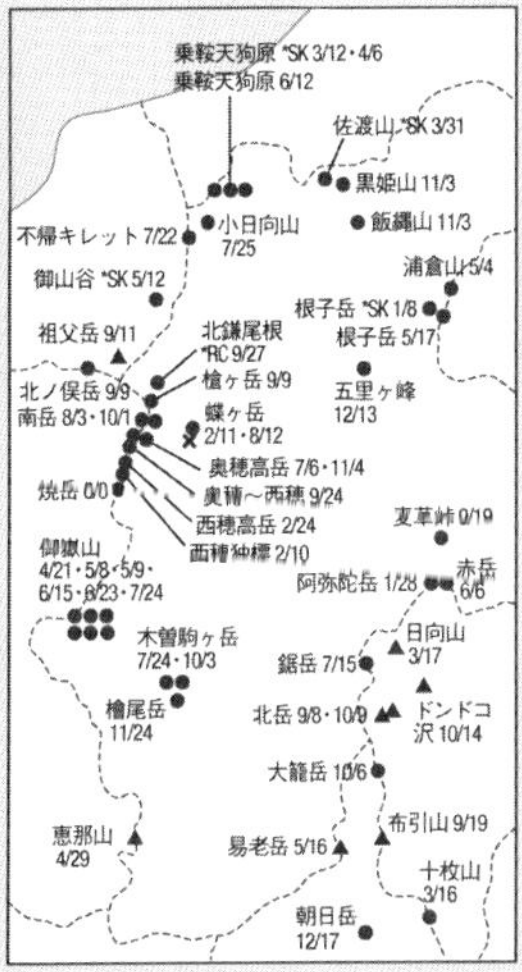

[図の見方]

2013年に発生した道迷い遭難のうち、新聞記事、インターネット配信情報などで把握できたものについて、その発生場所を記載した。ただし、山菜・キノコ採り、渓流釣り目的のものは除いた。記号の意味は、×：死亡または行方不明　▲：負傷　●：無事救助（自力下山も含む）　*SK：山スキーまたはスノーボード　*SW：沢登り　*RC：ロッククライミング　*IC：アイスクライミング　*TR：トレイルランニング

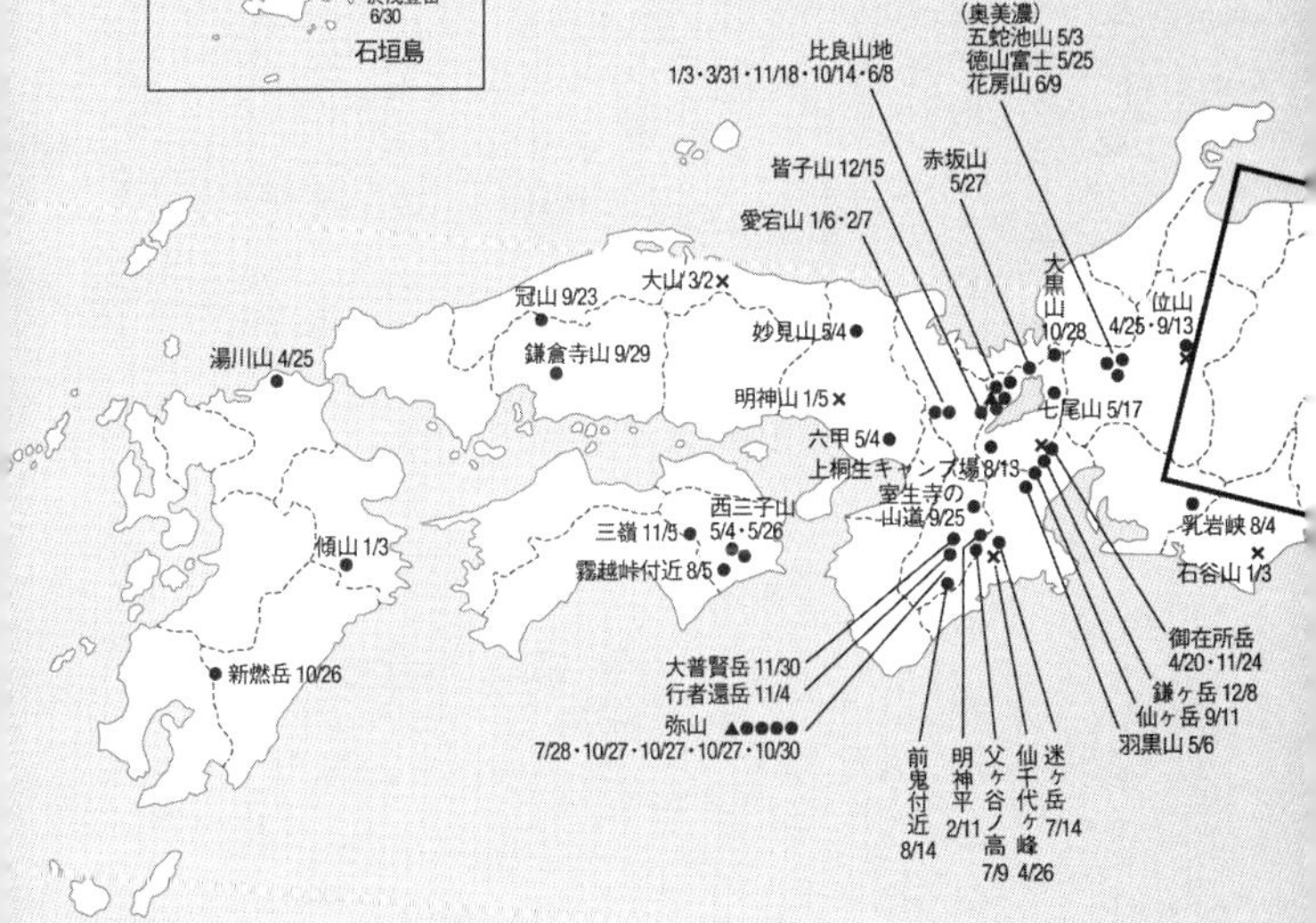

発生場所とは別に、季節に注目すると、積雪期には次のような道迷い遭難が起こっている。

A　残雪による道迷い

山道が残雪で隠されるとルートがわかりにくく、道迷いの危険が増す。東北・越後地方、中部山岳の高山などで、春から初夏にかけて頻発している。太平洋側の地方に大雪が降ると奥多摩、奥秩父などでも発生する。タイプとしては、近郊型、深山型、両方の道迷い遭難が起こり得る。

B　積雪による道迷い

特に山スキー（またはスノーボード）で多発している。雪山登山は自由にルートを決められるので道迷いになりにくいが、風雪や視界不良のため下山ルートを誤って迷い込む、同じ場所を迷い歩いて（リングワンデリングという）動けなくなってしまう、というような事例がある。

■エリア別の傾向

［北海道・東北］　山容の漠然とした山で道迷いが起こりやすい。北海道では暑寒別岳、旭岳、トムラウシ山などで、どれも山が深いため危険である。東北では八甲田、鳥海山、月山、蔵王、吾妻連峰などで道迷いが起こりやすい。飯豊・朝日連峰はそれほど多くない。

［関東・山梨東部］　近郊ハイキングが活発で、それに比例して道迷い遭難も多発している。ただし、近郊型の特徴として無傷・無事救出のことが多い。特に多いのは奥多摩・丹沢だが、近年は奥

武蔵や南大菩薩周辺でも増加している。

［越後・谷川］　越後は広大な山域を含むが、登山者が多い苗場山・巻機山周辺で道迷い遭難がやや多発している。豪雪にみがかれた山は深く、特に谷筋がけわしいため、迷って沢に引き込まれると非常に危険である。谷川連峰ではコースが明瞭なため道迷いは多くない。

［上信・信越］　首都圏からやや遠いが日帰り圏内で、比較的手軽な登山が行なわれている。特定の山に集中する傾向はなく、各山で少しずつ道迷い遭難が起こっている。山スキー中や、スキー場のコース外滑走での迷い遭難も起こっている。

［北アルプス］　主要なエリアではコース整備が行き届いているため迷いにくい。岩場の山ではコースを外れて行動不能になるという道迷い遭難もある。蝶ヶ岳は迷いやすい山で、60代の女性が道に迷ったすえ、死亡する遭難が近年2回起こっている。

［八ヶ岳・中央アルプス・御嶽・乗鞍］　これらの山域は道迷い遭難が少ない。コースは整備されてわかりやすく、逆に、マイナーな迷いやすいコースには入山する人が少ない。御嶽・乗鞍では山スキーの道迷い遭難が何度も起こっている。

［南アルプス］　主稜線の山々では道迷い遭難は多くない。ただし、山が深いため、行方不明者が発見されない事例が時々ある。前衛の山でも道迷いが頻発しており、安倍山系の十枚山、竜爪山のように、道迷い遭難の多い危険な山が指摘できる。

［鈴鹿・大峰・台高］　鈴鹿と大峰・台高は、近畿圏の道迷い2大エリアである。発生数は鈴鹿のほうがやや多い。鈴鹿は山がけわしいため道迷い中の滑落が危険である。特に、鈴鹿の御在所岳、雨乞岳、鎌ヶ岳、大峰の弥山で多発している。

［近畿］　作業道、生活道の交錯が多い低山で、近郊型の道迷い遭難が起こっている。比良では武奈ヶ岳・蓬莱山の周辺で多い。京都では皆子岳と愛宕山で道迷い遭難がくり返し起こっている。ほかには各山で散発する程度。

［中国・四国・九州］　特定の山でやや多発している程度。多い山域は伯耆大山、剣山山系の三嶺、霧島山系全体、祖母山、双石山でも散発している。2013年には、徳島県那賀町の西三子山付近で道迷い遭難が連続発生している。

踏跡を行く（南蔵王・屏風岳～ろうづめ平）

③〝近郊型〟道迷い遭難の事例

［事例1］　13年4月29日、中央本線藤野駅近くの宝山に登っていた東京都の夫婦が、下山途中で旧登山道に迷い込んだ。妻が急斜面を上がって元の道へ戻ったところ、後ろから斜面を登ってきた夫（69歳）が、誤って沢へ約70ｍ滑落した。約2時間後に病院へ搬送されたが、頭などを打っており死亡した。宝山は相模湖のすぐ南にある標高374ｍの低山。

近郊型の道迷いは、多くのケースでは、無傷で救助されている。もともと危険性の少ない低山だから、一時的にルートを見失っても、安全第一で冷静に対応すれば助かる可能性が高い。ところが、低山の道迷いでも死亡事故という、最悪の結果になってしまうことがある。そのほとんどは、岩場や急斜面などから転落・滑落したことによるものだ。

右事例の夫婦は、道に迷ったことに気づき、「迷ったら戻れ！」の理論通りに戻ろうとしたのはよかった。しかし、正しいルートが見えて気が緩んだのか、足元の危険性に注意が及ばずに、何かのミスをして滑落してしまった。道に迷うと、ほとんどの人はあせってしまい、早く脱出しようと先を急ぐ。そのときに、冷静な行動ができなくなって転落、滑落、転倒のミスを犯しやすい。

［事例2］　13年11月2日、北海道千歳市の恵庭岳に一人で登った女性（54歳・札幌市）が戻らず、3日11時35分ごろ、四合目付近の沢で遺体が発見された。女性は2日10時ごろに入山し、11時ごろ友人に「道に迷った」と電話したあと連絡がとれなくなった。遺体は頭部に外傷があり、死因は脳挫傷だった。滑落か転倒した可能性が高い。

前の事例と同様、普通なら何の問題もなく歩けるはずの一般登山ルートで、道に迷ったうえ、おそらくは滑落して、打ちどころが悪く死亡してしまった。頭に受傷したため自分で通報することもできなかったのだろう。遭難時の死亡率が高い単独登山の危険性も示している事例である。

恵庭岳（標高１３２０ｍ）は低山とはいえないが、観光地である支笏湖畔にあって登山者には人気が高い。北海道ではこれぐらいの山は、都市近郊（札幌市周辺）の山という分類だろうか。登山ルートの標高差は１０００ｍ以上、標準コースタイムは往復約6時間だが、本事例の女性は入山時刻も遅かった。低山ハイクのような手軽さで入山しているように思える。

迷って登山道を外れると、転落・滑落をさそう危険な状況はたくさんあり、岩場、ガレ場、急斜面、草付き、側道（トラバース）など、あらゆる場所でミスを犯しやすい。ふだんは整備された道しか歩かない人にとって、道なき道を迷い歩くのは、大きな危険を伴うことである。

④〝深山型〟道迷い遭難の事例

［事例3］　13年5月14口、南アルプス易老渡《いろうど》から一人で入山し、光岳《てかり》に向かった男性（64歳・東京都）が道に迷い、宿泊予定の光岳小屋に着かなかった。下山予定の15日を過ぎても戻らなかったため、家族が16日に警視庁を通じて飯田署に届け出た。18日11時ごろ、易老岳山頂の北西約１００ｍ、標高２２００ｍ付近で発見された。

発見された場所は易老岳山頂に近く、登山道からもあまり離れていなかった。遭難者は谷筋へ下りないように、尾根を目指して登ろうと努力したのではないだろうか。この事例のように、道に迷っても対応を誤らずに粘り強くがんばれば、生還できる可能性につながっていく。迷っている間も安全に注意を払い、負傷しない（特に骨折など重傷を負わない）ことが何より重要になる。

南アルプスのような深い山域は、一般ルートだけは整備されているが、そこから外れて山中に迷い込むと、容易に抜け出すことができなくなる。現在地が不明になった状態から、地形図の読図を頼りに脱出することは上級者にも難しい。無事救助されることの多い近郊型とは異なり、深山型の道迷いは発見されないことも起こり得る、恐ろしい道迷いである。

［事例4］　13年8月10日、北アルプス上高地から蝶ヶ岳へ一人で向かった女性（62歳・岐阜市）が行方不明になり、帰宅予定の11日を過ぎても帰らないと、12日に家族が届け出た。22日11時10分ごろ、登山道から約1km離れた長塀《ながかべ》沢の標高2000m付近で、捜索していた松本署員らが遺体を発見した。外傷はなく死因は不明。道に迷ったとみられる。

蝶ヶ岳で迷いやすい場所は長塀尾根である。稜線が平坦で幅広く、地形がはっきりしないため、残雪や落葉など何らかの原因で道が見えにくいときには、細心の注意を払わなくてはならない。事例の女性は残雪のため方角を誤り、長塀沢へ迷い込んだと推定される。しばらく進んでしまったのは、獣道のような、正規ルートと誤らせる踏跡があったのだろうか。途中から沢筋を下り続けることを思いとどまったものの、稜線まで登り返すこともできずに力尽きたようだ。

深山型の道迷い遭難は、低山とは異なって、動かずに待ち続ければ発見されるとも限らない。助かるためには、多くのことを考え、工夫し、実行しなければならない場合もある。山の中で生き延びるためには、濡れや体温低下を防ぎながら夜をやり過ごすビバーク技術が決め手になる。

登山道から遠く離れていたため、発見まで10日間かかったが、それでも発見されたのは幸運というべきだろう。最後まで発見されない事例や、何年後かに遺体が出てくるケースもある。

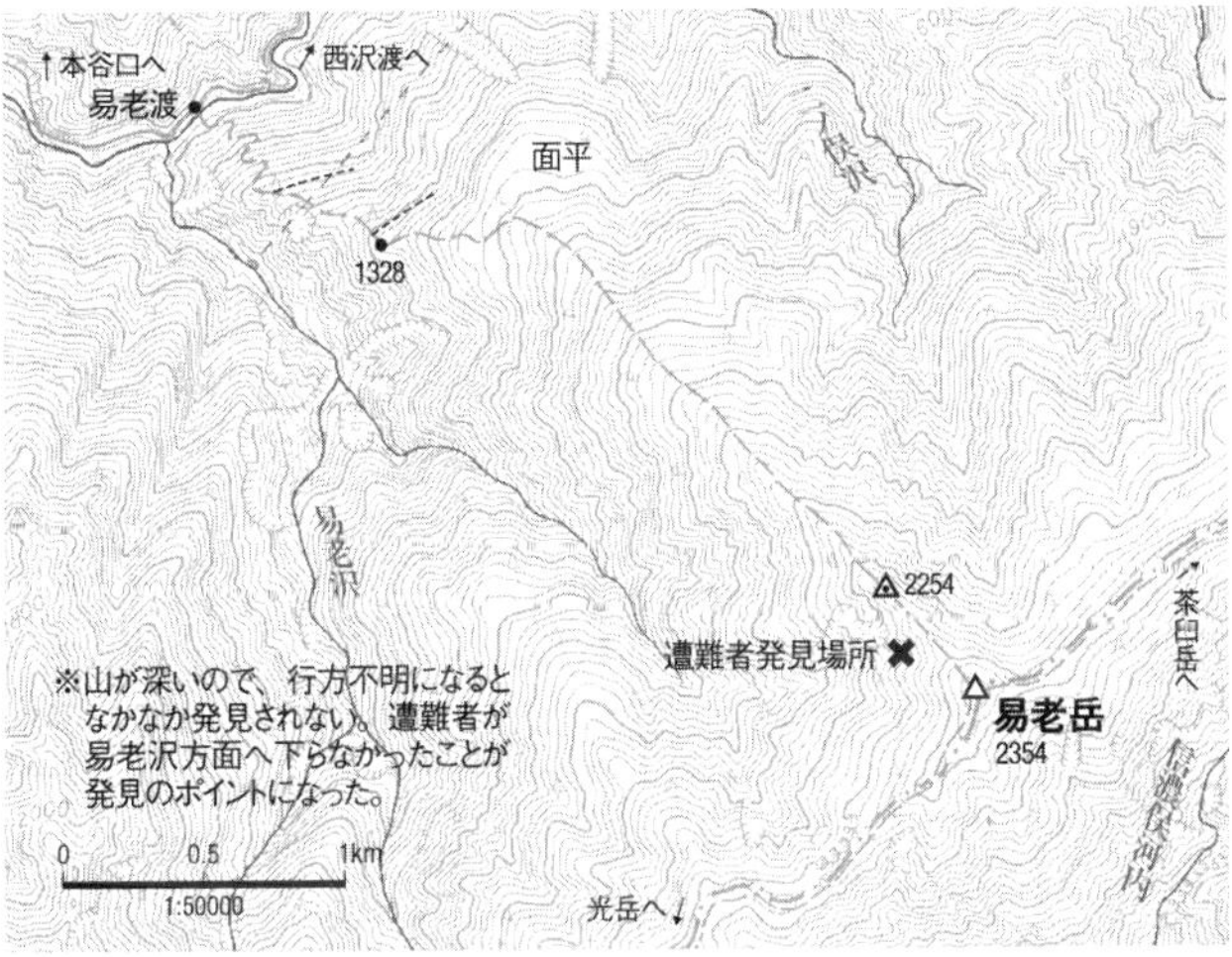

易老岳（事例３）の遭難者発見場所（５万分ノ１地形図「光岳」）

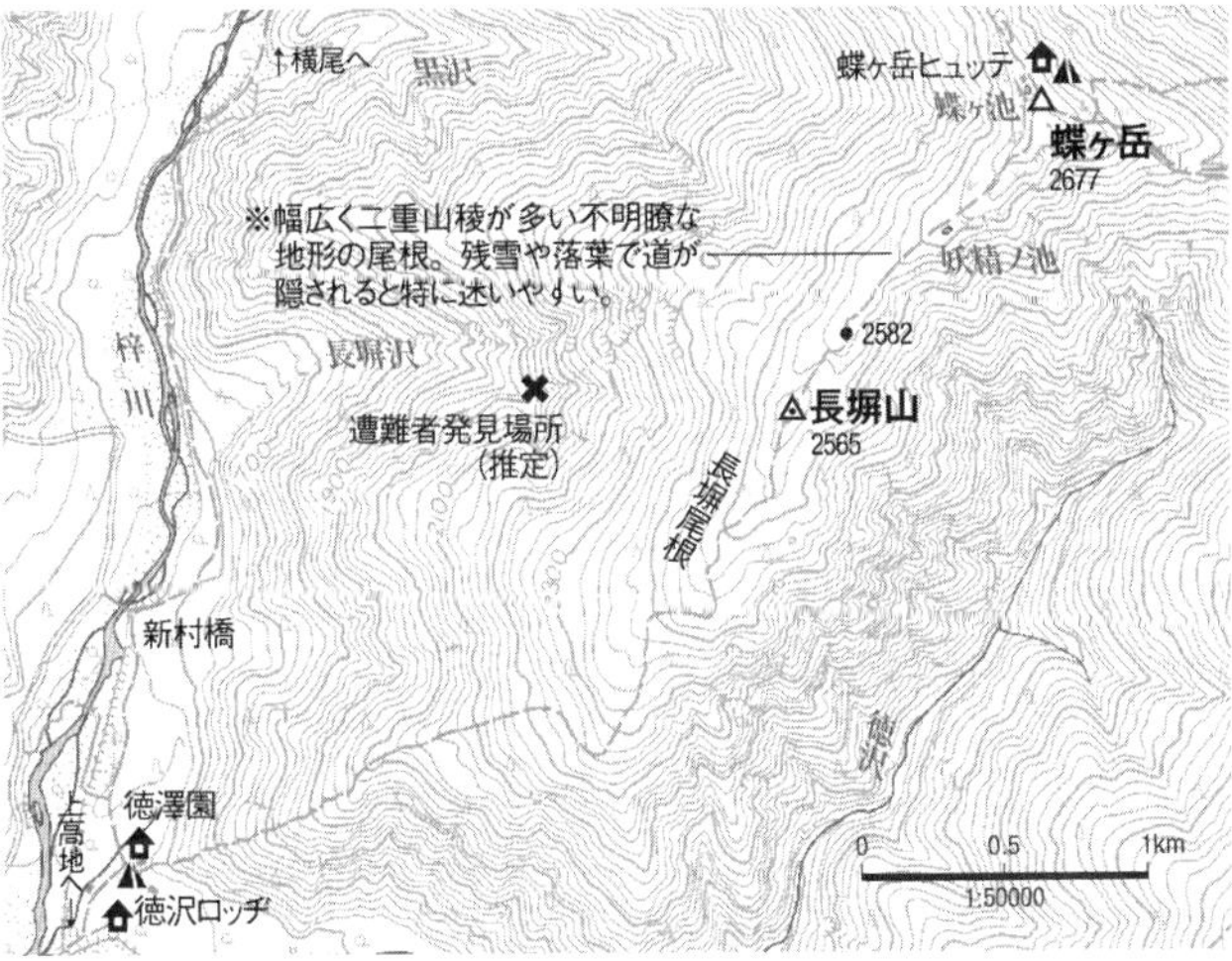

蝶ヶ岳（事例４）の遭難者発見場所（５万分ノ１地形図「上高地」）

［事例5］　２００５年10月9日、大雪山系・旭岳に単独で登ったＹ（男性・42歳）が下山せず、行方不明になった。翌10日早朝、妻から旭川東署に届け出があった。

Ｙは陸上自衛隊第五旅団（帯広市）に所属する自衛官（陸曹長）だった。9日午前8時ごろ、紅葉をビデオで撮影するため、妻に「午後7時ごろには戻る」と言って乗用車で自宅を出発した。ウインドブレーカーの上下にトレーナー、運動靴の軽装で、ザックも持たず手ぶらだった。コンパスや地図、マッチやライターなども持っていなかった。

旭川東署と陸上自衛隊第二師団（旭川市）は、ヘリ3機と捜索隊を出動させたが発見できず、17時に捜索を打ち切った。11日は道警山岳遭難救助隊、陸上自衛隊第二師団ら約60人で捜索を再開し、自衛隊ヘリも空から捜索したが、手がかりはなかった。

13日10時30分ごろ、Ｙからとみられる１１０番通報が旭川東署に届いた。携帯電話で断続的に3回あり、「旭岳の南側、二つ目の山を越えた岩の上にいる。白い布を振っている」「南西斜面の山を越えた沢……」などとはっきりした口調で現在地を説明し、救助を要請するものだった。通話内容に基づいて、道警と自衛隊ヘリ計4機が現場付近を捜索したが、この日も発見できなかった。14日、道警と自衛隊はヘリ計8機を出動させて大規模な捜索を行なったがやはり発見できず、その後も連日、道警と自衛隊による捜索が続けられた。

17日9時30分ごろ、携帯電話の発信源情報をもとに捜索していた自衛隊ヘリが、忠別川本流近くのがけの上で手を振るYを発見、8日ぶりに無事救出した。Yは肋骨にひびが入り、手足は擦り傷だらけで、足に軽度の凍傷と打撲を負っていたが、いずれも症状は軽く意識はしっかりしていた。旭川医大付属病院に搬送され、20日には退院して記者会見に応じた。

遭難後のYの足どりは次のとおり。旭岳からの下山途中、運動靴だったYはアイスバーンで30mほど滑落した。凍った斜面を登り返すのは難しかったので、水平方向にロープウェイ駅へ向かったが、濃いガスのため方向を見失い、旭岳南面の沢へ迷い込んだ。途中でさらに2回滑落し、滝つぼへ転落した際に携帯電話を濡らして通信不能になった。ザックも持たず、ポケットにビデオカメラと財布、駅で入手した簡単な登山案内図があるだけで、この時期の大雪へ登るには不充分な装備だった。また、Yは大雪山系に登るのも初めてだった。

進むべき方向がわからなくなったYは、「沢を下れば人里に出る」と考え下流を目指した。手持ちの食料は少なく、8日間ほとんど沢水しか口にできなかった。晴天でもむやみに動かずに、岩場で濡れた衣服と携帯電話を乾かし、捜索ヘリを待った。雨が降ると岩陰に避難して動かなかった。夜は雨雪がしのげる岩の下などで睡眠をとり体力の温存を図った。

13日には携帯電話が使えるようになり、短時間だが救助を求める通報ができた。このときは忠別川北岸の台地上にいたのではないかと、北海道新聞では推定している。15日には忠別川本流に下り着き、さらに下流を目指した。17日の発見場所は、天人峡温泉から約3・5km

上流、忠別川本流に近い岩場で、標高約９５０ｍの地点だった。Yは救助隊員に「Yです。申し訳ありません。ありがとうございます」と、しっかり話したという。

この時期、山麓の旭岳温泉では最低気温が3度にまで下がり、一部に積雪もあった。山頂付近は気温が氷点下になり、数十cm程度の積雪はあたりまえの季節だった。Yは自衛隊のレンジャーの資格を取っており、過酷なサバイバル訓練に耐えた経験をもつ。不充分な装備で8日間を耐え抜いたことについて、自衛隊関係者は「レンジャーの知識と経験が役に立ったと思う」と指摘した。また、マスコミ報道も、Yがいかにして生き抜いたかという点を、センセーショナルにとりあげる傾向がめだった。

退院後の記者会見で、Yは「遭難中は水以外を口にできず、どう体力を温存するかをつねに考えていた。毎日、行けそうな場所まで4、5時間かけて移動した」と当時の様子を語った。また、捜索ヘリが連日、近くを飛んでいたため、「かならず助かるという信念をもち、冷静でいられた」と振り返った。

旭岳では道迷い遭難と気象遭難（低体温症死など）がしばしば発生している。ロープウェイがかかり、初級向きの山というイメージがあるため、軽装備で登る人も少なくないようだ。

Yも10月の旭岳に登るために必要な装備を持たず、非常識といわざるを得ない登山行動が見られる。まず、帯広市の自宅を8時ごろ出発したのは遅出であり、当初は旭岳へ登る予定ではなかったのだろう。ビデオ撮影をするためにロープウェイで姿見平に登り、足に自信があったので、そのまま旭岳へ向かったものと推定される。13時過ぎにYは携帯電話で撮影したとみられる写真を友人に送信している。無理なく下山可能な時刻であり、この時点まで、Yの行動はうまくいっていた。

　しかし、下山時にアイスバーンで滑落したときから、思考判断のバランスが崩れ始めたようだ。山頂付近には10㎝程度の積雪があったもようだが、その程度の雪で30m近くも滑落するとは考えにくい。下り始めから方角を誤って、間宮岳方面へ下ったのかもしれない。こちらは東面で雪が吹き溜まりやすく、積雪が少ない時期にはアイスバーンができやすい。ここで滑落して、右寄りに方向を修正しながら正規ルートを目指そうとすれば、まさしく旭岳の広大な南斜面へ迷い込んでゆく。

　登山知識のある人なら、このときに滑落した30mを登り返して、正規ルートに戻ればよかったと考えるだろう。そのとおりなのだが、当時のYは、すでに現在位置がわからなくなっていた可能性が高い。元の場所へ登り返したとしても、その後、地図なしで正しく姿見平を目指すことができただろうか。Yの行動全般をみると、登山に関する知識は不充分なように思われるからだ。

　道迷い遭難の典型的なパターンが、ここから始まっている。つまり、小さな判断ミスで少しだけルートがそれてしまい、その後、確実な根拠もないまま下り続けたために、正規ルートとのずれがどんどん大きくなっていき、気がついたときには修復不可能な事態になってしまう。最後には、とにかく強引に下り切るか、動かずに救助を待つかの選択肢しかなくなっている。そして、「確実な根拠もないのに下り続ける」という行為は、本人の自信に基づいている。本事例の場合はレンジャー有資格者の、過酷な状況下でも歩き抜くことができるという自信がそれに該当する。

道迷い遭難をしないためには、ルートを間違えないようにつねに注意を払うことと、ルートがそれたら早く気づいて修正することが重要である。旭岳の頂上付近は迷いやすい地形なので、特に視界がわるいときには、細心の注意を払って行動しなくてはならない。

旭岳頂上から姿見平へ下る場合の注意点は、次のようになる。

①急斜面を右にして南へ下り始め、すぐにゆるやかに右曲して南南西方向へ下る。
②山頂から約２００ｍで右から地獄谷の断崖が近づき「金庫岩」と呼ばれる岩がある。
③左折して約50ｍ進むと「ニセ金庫岩」と呼ばれる大岩がある。ここで右折して下る。
④西〜西南西に下り続けると尾根が明瞭になり姿見ノ池に至る。右側は地獄谷である。

「ニセ金庫岩」のところでは、右折せずに直進してしまう登山者が多いという。そのまま下り続けると旭岳南面に迷い込んで、Ｙと似たルートをたどる可能性が高い。

地形図とコンパスがなければ、正確なルートファインディングは難しい。Ｙは地図・コンパスを持っていなかったので、ほかの登山者に出会って下山コースを教えてもらうか、ガスが晴れるまで動かずに待っているしか、確実な方策はなくなっていたと考えられる。

旭岳（事例５）の遭難者が迷った径路（５万分ノ１地形図「旭岳」）

⑤残雪による道迷い遭難の事例

［事例6］　13年4月25日、位《くらい》山（岐阜県高山市）の標高１１００ｍ付近の谷川で、男性Ｓ（55歳・東京都）が岩にはさまった状態で倒れているのを、道に迷って谷へ下りた別の男性登山者（28歳・石川県）が発見した。Ｓは半身を水につけてあおむけの状態で倒れ、水から引き上げて声をかけたが反応はなかった。携帯電話が通じないため、下山して民家から高山署へ通報した。26日6時40分ごろ、山岳警備隊や消防署員らが発見し、死亡を確認した。男性にめだった外傷はなく、死因は凍死で、死後2週間程度と推定された。

位山は高山市郊外にあり、初心者でも登れるハイキングの山として人気がある。雪国の山は、低山でも4～5月まで残雪があり、Ｓは4月上旬ごろに入山したようだ。メインの登山ルートがある北東尾根は広く緩やかな地形なので、残雪で道形が見えないとルートミスをしやすい。事例のように発見者の男性も同じ谷に迷い込んでおり、その結果、偶然にも遭難者を発見することになった。この男性は救助を呼ぶため、危険を冒して強引に谷を下り林道に出たと思われるが、そうしなかったＳは、道迷いから脱出できないまま低体温症になって力尽きたのだろう。

［事例7］　14年6月6日夕方、吾妻連峰西吾妻山を登っていた男性M（66歳・東京都）から、「雪のため道に迷った」と110番通報があった。Mは5日早朝に日帰りの予定で入山し、残雪のため道に迷った。1泊して登山を続けたが、2日目も日没となり、自力脱出を断念して通報した。食料やビバークの装備は持っていなかった。翌日11時25分に捜索ヘリがMを発見。12時15分ごろ、登山ルートを北に外れた馬場谷地付近で救助された。

吾妻連峰は稜線が広くなだらかで、非常に迷いやすい地形をしている。Mは通報時に「雪のため迷った」とはっきり言った。好天で遠くまで見渡せるなら迷うことはないが、5日は東北南部が梅雨入りしており、四国沖から太平洋岸に伸びる前線の影響で、福島県内は曇や雨の天気だった。山の上でも雨が降っていたか、霧で視界が悪かっただろう。丸一日がんばっても白布《しらぶ》峠へ戻ることができず、いよいよ追い詰められたため、Mは通報したと思われる。発見場所は正規ルートから北側に外れかけていたが、危険な一歩手前で踏みとどまることができた。

その1週間前には、吾妻連峰の東側でも男性（63歳・仙台市）が行方不明になっており、6日、福島署は遭難とみて公表した。遭難者は装備のしっかりしたベテランだったが、下山時に高山の南東側斜面に迷い込んだ。本人からの通報はなく、捜索開始は遅れた。行方不明のまま4カ月以上が過ぎた9月、白骨化した遺体として発見されている。

［事例８］　14年春の連休、奥秩父の山で道迷い遭難が3件、連続して発生した。

4月28日夜、男性A（64歳・東京都杉並区）は、家族に「山頂付近で迷っている」と電話連絡して消息を絶った。5月2日、男性B（40歳・東京都昭島市）は行き先も告げずに「登山に行く」と家を出て、そのまま戻らなかった。それぞれ家族が届け出て、警視庁は二人とも山梨県丹波山《たばやま》村の山に入っていたことを確認した。

画家の男性S（64歳・東京都東久留米市）は、5月4日早朝、前日に泊まった三条の湯を出発して飛竜山に向かった。しかし、宿泊予定の雲取山荘には到着せず、帰宅予定だった翌5日夕方になっても、自宅には戻らなかった。

山梨県警上野原署などは、3日から登山道や尾根などを捜索し、8～9日には遭難救助隊約30人を投入して、雲取山、飛竜山、大菩薩峠方面まで、登山道、沢、尾根を広範囲に捜索した。しかし、3人は発見できなかった。Sは三条の湯に「飛竜山を経由して雲取山に向かう」とメモを残していたが、AとBは「どの山に登ったかもわからず、村内にとどまっているか、東京や埼玉の都県境を越えたのかもわからない状況」（上野原署）だった。

5月12日9時前、Sの携帯電話から「1週間前に遭難した者です。助けてください」と、110番通報が入った。通話エリアを特定して同署員が現地に駆けつけ、9時30分ごろ、飛竜山山頂から南西に約4km離れた一之瀬高橋の林道上でSを発見、保護した。

マスコミなどで報じられた遭難後のSの足取りは、次のとおり。

4日昼ごろ飛竜山山頂に到着して、雲取山に向かう途中、道に迷った。残雪で道がはっきりしなかったが、多少ずれても山頂を周回している登山道に出ると考えて下り、気がついたらササヤブの中で迷っていた。それから山中の彷徨が始まった。5日に沢へ出て、以後は沢沿いに下った。6日に食料がなくなった。その翌日から日付の記憶があやふやになり、沢を下り、尾根を越えることをくり返した。ケガさえしなければ脱出できると前向きに考え、焦らずに、毎日朝から午後3～4時まで行動した。沢の水を飲み、山菜（ササノコ）を食べ、ツツジの花の蜜を吸った。携帯電話は1日数回のみ電源を入れ、電波のチェックをした。こうして冷静に行動しようと努力したが、もうだめだと諦めかけたことも何度もあった。

ある日（11日）の夜、鐘の音が聞こえたので、里が近いと確信した。翌朝、2時間ヤブの斜面を登ると林道に出た。携帯は「圏外」だが妻にメールを送った。林道を歩いて一之瀬高橋の集落に出て、携帯が「圏内」になったので１１０番通報した。

救助後、Sはめだったケガはなかったが、軽い脱水で衰弱しており、都内の病院へ搬送された。約1カ月後の産経新聞紙面では、遭難体験から得た教訓として、「迷った所ですぐ引き返すべきだった」「道がはっきりしなかったときに戻ればよかった」と語っている。

同じ山で行方不明になったAとBは、今も発見されていない。

14年2月、関東・東海・甲信地方に降った記録的大雪のため、山々には多量の残雪があって登山ルートを寸断していた。このため、非常に道迷いの起こりやすい状況になっていた。事例の3人は、すべて残雪が影響した道迷い遭難（タイプとしては〝深山型〟）と推定される。このなかで、Sだけが生還しているので、具体的な遭難の状況を知ることができる。

『ワンダーフォーゲル』14年10月号に、S本人に取材して迷い歩いたルートを推定した、羽根田治氏の記事がある。それによると、まず飛竜山山頂から、山頂直下をトラバースしている縦走路へ下るが、この一帯は残雪のためわかりにくくなっていた。Sが下ったルートは雲取山とは逆に西へ向かい、トラバースしているはずの縦走路（登山道）を見過ごして下ってしまう。いつまでも登山道が現われないため「おかしい」と思いつつ、先を急いで下ったことだろう。迷いかけているとき、人間はその不安を打ち消そうとして、「迷っていない」ように振る舞おうとするそうだ。しかし、不安な心理が行動面に反映して、いつもより先を急いでしまう。周囲がササヤブに変わっても、Sはルートを再検討することなく、ひたすら下り続けた。ササヤブの中を標高差１５０〜１６０ｍも下り、15時を回って疲れを感じたので、ヤブの中でビバークすることに決めてしまった。

道迷い2日目からのルート判断は（筆者の見解によれば）すべて誤っていた。前記記事の推定したルートは、ササヤブの斜面を左寄りにトラバースし、大常木《おおつねぎ》谷支流の御岳沢に出てこれを下り、一度は大常木谷本流を下ろうとするが越えられない滝に阻まれ、右岸の斜面を上がってモリ尾根を

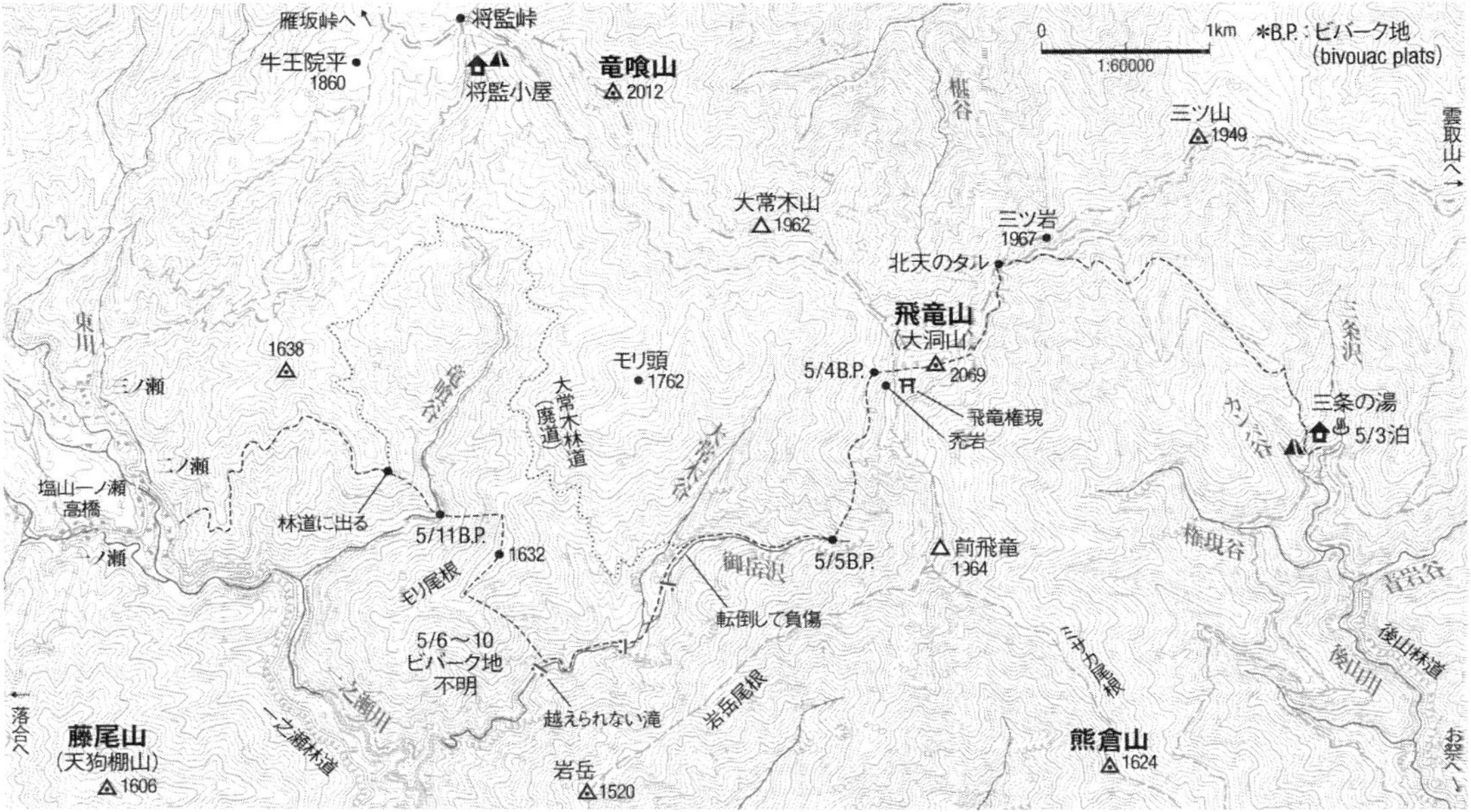

飛竜山（事例８）の遭難者が迷った径路（５万分ノ１地形図「丹波」「三峰」

越え、反対側の竜喰谷《りゅうばみ》へ下り、さらに対岸の支尾根を登ると大常木林道に出た。林道を30分ほど歩くと最奥の集落であった。このような複雑なルートをたどり、結果的に大常木谷や竜喰谷下流の危険地帯を避けて、集落へ抜けられたということは、奇跡に近いといってよいかもしれない。

しかし、それはあくまでも奇跡であって、Sが意図して引き寄せた結果ではなかった。本来なら道迷いから抜けられずに終わる確率のほうが高かっただろう（AとBが未発見であることが、それを示唆している）。最初のビバーク地から、あるいは2日目のビバーク地からでも、引き返して山頂まで登る方法を選択できたなら、どれほど確実に生還できただろうか。

本事例のSは、まず、残雪でルートが寸断されたときの危険性がわかっていなかった。残雪の一帯が道迷いのポイントだと認識していれば、飛竜山山頂から下降のとき、慎重に地形図を見てルートを確認する作業を怠らないだろう。第2に、迷いかけているとき、引き返す決断をできるためには、道迷いという状況がいかに危険であるかを知っていて、高いリスク意識を持つことが重要である。遭難防止のために迅速な行動をとらせるのは、山の危険に対する意識の持ち方なのである。

なお、遭難者の装備内容も発表されているので、問題点を指摘しておきたい。この時期の奥秩父2泊3日の登山で、レインウェア、ヘッドランプ、ツエルト、コンパス（地図は持っていた）がないのは危険である。Sの持参した雨具は１００円ショップで買ったビニールコートだった。服装はすべて登山用である必要はないが、ジーンズは不適切で、化繊製のパンツなどのほうがよい。

⑥積雪による道迷い遭難の事例

【事例9】 10年1月25日午後、増毛《ましけ》山地の暑寒別《しょかんべつ》岳へ暑寒ルートから入山した男性（25歳・南富良野《ふらの》町）が、標高１２５０m付近で風雪のため道に迷い、留萌《るもい》署に救助を要請した。道警や自衛隊などの救助隊が26日から捜索を続けたが、悪天候のため難航。27日、男性は山頂方向へ移動中に約50m滑落し、午後からは携帯電話が不通になった。29日午後、救助隊は１１００m付近まで進んだが、悪天候のためにそれ以上の捜索を断念して、翌日下山した。

雪山登山では、ルート上に先行者のトレースがない場合は、自分のルートファインディングによってルートを決めながら進む。このため、道迷いの危険性も無雪期の比ではなく、次元の異なる高度なルート判断力が必要となる。風雪、ホワイトアウト（視界不良）という悪条件になると、ルートファインディングは最も困難になり、一般的なレベルの登山者は対応不可能となる。本事例の男性は、風雪の悪条件下で正規ルートを外れてしまい、戻ろうとしたものの、途中で滑落したときに装備を紛失したようだ。さらに、携帯電話も電源が切れて使えなくなった。遭難4日後、救助隊が現場近くまで迫ったものの、救助できなかった。雪山遭難の過酷さが胸に迫る事例である。

［事例10］　13年2月24日18時10分ごろ、北アルプス西穂高岳に向かった男性（29歳・東京都）が戻らないと、途中まで同行した男性（30歳・東京都）が西穂山荘を通じて通報した。2人は西穂山頂を目指したが、悪天候のため、独標付近から同行の男性は引き返した。遭難した男性は西穂登頂後、下山中の15時20分ごろ、「道を間違えた。修正しながら戻る」と連絡があったのを最後に、連絡がつかなくなった。25日3時ごろ遭難者本人から１１０番通報があり、同10時10分ごろ、小鍋谷の標高１８５０m付近で救助された。

雪山での道迷い遭難は、多くの場合、気象遭難の一面をもっている。つまり、風雪などの悪天候、ホワイトアウト（視界不良）の悪条件下で、ルート判断上のミスをして遭難する。トレースが見えているか、遠くまで見通せる気象条件であれば、道迷いはほとんど起こらない。

事例の二人は、雪山初級者であれば無謀登山であり、上級者であれば悪天候によるコースミスといえる。西穂高岳のルートは迷いやすくはないのだが、風雪の悪天候下となれば、正しいルートを探り当てながら進むのは上級者でもかなり難しいことである。積雪期の西穂高岳、西穂独標では、ルートを外れて迷ったうえ、滑落して受傷する事故が多発している。悪条件が重なると、低体温症などで死亡することも少なくない。事例の遭難男性も、途中で滑落の危機が何度もあったはずであり、雪崩の危険も冒していただろう。助かったのは幸運なことだった。

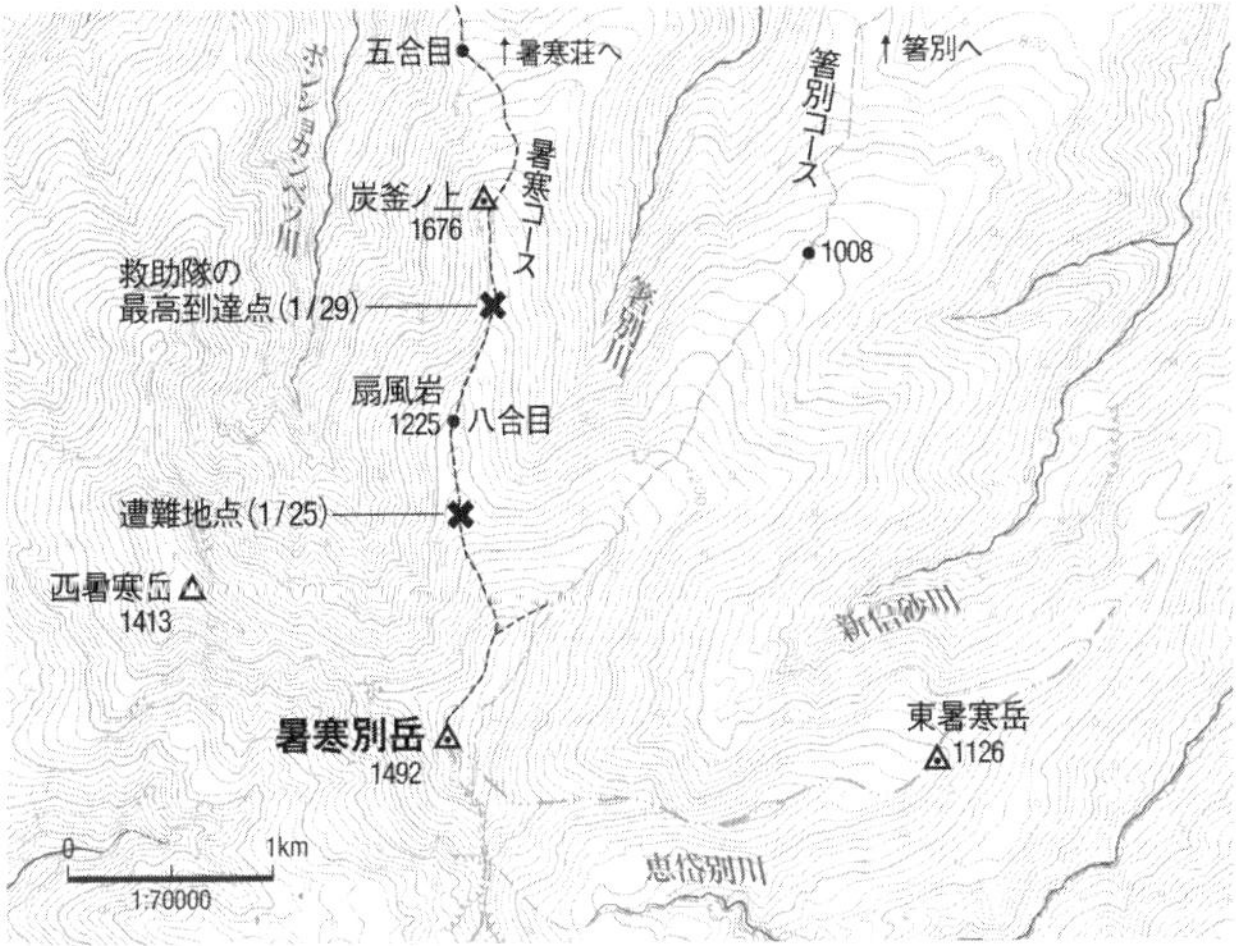

暑寒別岳(事例９)の遭難場所(５万分ノ１地形図「国領」)

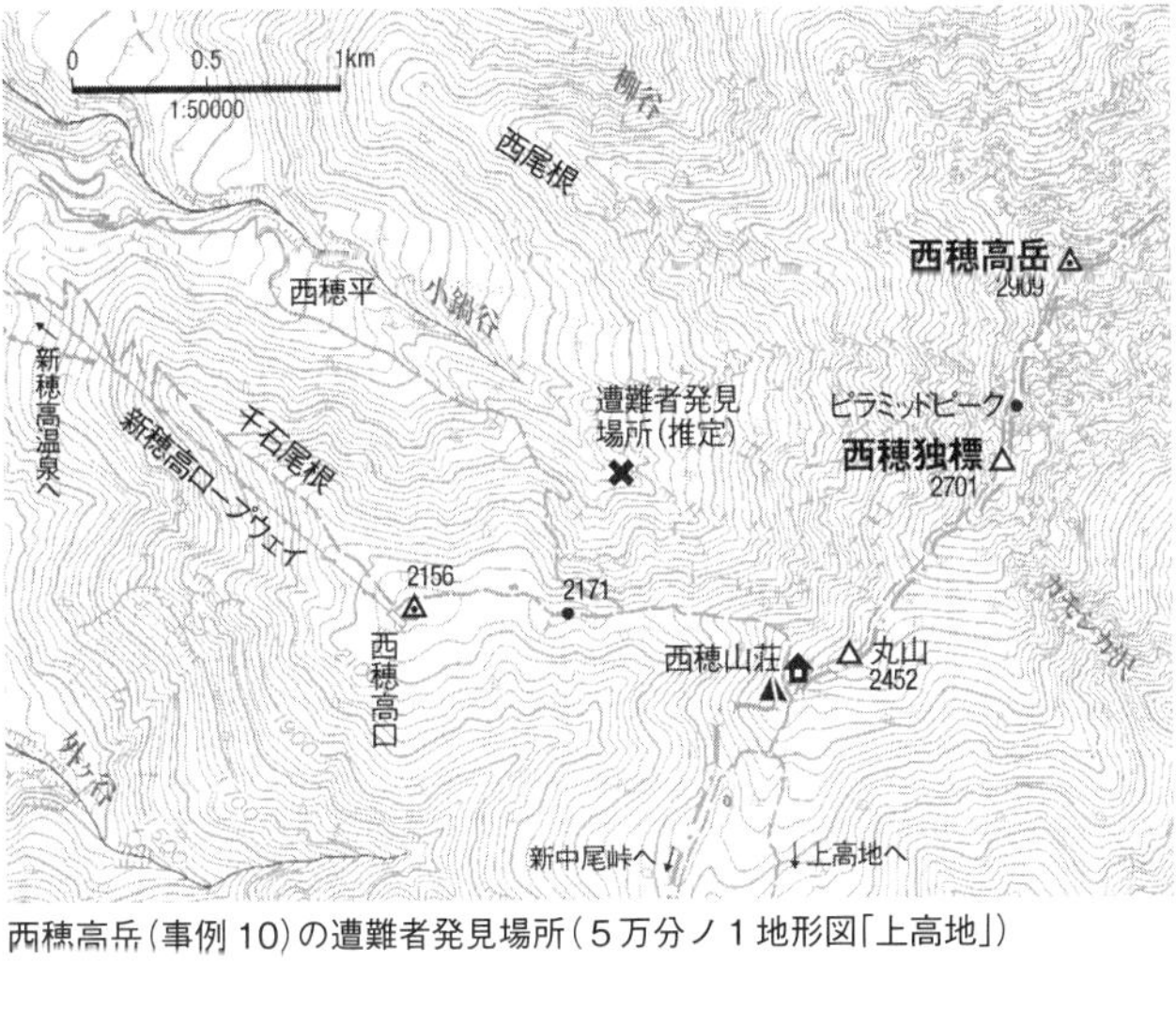

西穂高岳(事例 10)の遭難者発見場所(５万分ノ１地形図「上高地」)

［事例11］　10年3月6日、スノーボード仲間の3人（男性A40歳・男性B40歳・女性C40歳）は、苗場山系神楽《かぐら》ヶ峰にあるかぐらスキー場を訪れ、標高１８００ｍ付近までリフトで上がった。リフト上部には登山コースの入口があるが、管理事務所によれば、当時は霧が濃く雨も降っていたため、ネットを張って登山コースの入口は閉鎖されていたという。そこを乗り越えて3人は山へ向かった。11時ごろ入山の計画だったというが、実際にその時刻だったかは不明。目的のルートは、神楽ヶ峰付近で苗場山〜小松原を結ぶ主稜線に出て、北へ約１㎞たどってから、高石尾根〜雁ヶ峰と滑走するものだったと推定される。

悪天候で視界が悪かったのであろう、報道によると「山頂を目指して歩いている途中、霧に巻かれて道に迷った」。夜になり、持参したスコップで雪洞を掘って泊まった。ナッツバーのような携帯食を食べ、雪や沢の水を飲んでしのいだという。泊まった場所は明らかでないが、すでに下り始めて沢筋に入っていたのかもしれない。

翌7日7時ごろ、下山途中に女性Cが滑落してケガをした。これで救助要請を決めたのだろう。Aは携帯電話の通じる所を探すため一人先行することにした。BはCを介助しながらAのトレースを追った。15時20分ごろ、Aは「山で遭難した」と１１０番通報し、新潟県警が受けた。2日目の夜、3人は分かれたままビバークし、持っていた食料は尽きた。

8日9時すぎ、Aは大赤沢の農作業小屋に到達し、「山小屋にいる」と2度目の１１０番通報をした。この通報は長野県警に入ったため、遭難者は長野・新潟の県境にいると推測された。天候が回復し、新潟県警は正午ごろからヘリ捜索を開始。13時ごろ、硫黄川沿いを歩くBとCを発見、救助した。続いて、約６００ｍ離れた小屋にいたAも救助された。Cは肋骨骨折などの重傷を負っていたが、A・Bは無傷、３人とも自力で歩ける状態だった。

報道によれば、発見場所はスキー場の西約８㎞となっており、大赤沢集落にかなり近い位置まで来ていた。計画していたルートとは正反対の方向へ下山していたことになる。

会見でA・Bは、「ルート確認をしっかりしていないなど、計画性がなかった」ことが遭難原因と言い、「安全への意識が欠けていた」と謝罪した。

神楽ヶ峰周辺は、スキー場から1時間程度で登ることができて、支尾根を滑走してスキー場へ戻るルートがいくつか知られている。気軽に滑れるバックカントリーとして人気がある所だ。

雪山登山の常識からは、11時の入山は遅いように思える。しかし、神楽ヶ峰のバックカントリールートを滑る場合、登り始めが10～11時になるのは普通で、多くの人は気にかけていない。昼ごろ頂上に着いて、それから滑り出しても（条件がよければだが）充分に戻ってこられるという。

それなら、なぜ彼らは遭難したのか。悪天候なのに、入山禁止を示しているロープを踏み越えて入山したのは、自信があったからとしか考えられない。しかし、視界不良の気象条件のなかで、彼らはほんの少しだけ針路を誤った。気づかないまま西面へ下ってしまうが、滑走のペースは速く、すぐに引き返すのが難しい距離になったうえ、日暮れの時刻が迫るのも早かった。彼らが思っていたよりも、スキー場の外側のフィールドは危険に満ちた世界だったのである。

Cが滑落するまで、彼らは通報せずに自力脱出しようとがんばったのだろう。まだ40歳で体力があったこと、単独ではなかったので精神的に折れなかったこと、そして何より（偶然にすぎないのだが）沢筋に滝や岩壁などの危険が少なかったことが幸いだったのだと思う。

バックカントリーでのスキーヤー、スノーボーダーの遭難事故はとても多い。かつて山スキーシーズンは3月以降だったが、現在は早々と年末年始からシーズンに入り、遭難も頻発している。スキーヤー、スノーボーダーの遭難には、いくつかの発生パターンが見られる。

①スキー場を起点にコース外の新雪滑走をしていて、現在地がわからなくなる。または、雪が深いためにスキー場に戻れなくなる。多くの場合、脱出するためには、下り続けるしか方法がなくなり、雪山用の装備をもたないスキーヤー、スノーボーダーは危地に陥る。

②スキー場を起点にコース外の新雪滑走をしていて、深い新雪中に転倒、埋没して自力では抜け出せなくなり、窒息死または低体温症死に至るケース。（道迷い遭難には含まれない）

③コース外滑走中、または山岳コースを滑走中に雪崩に遭う。スキーヤー、スノーボーダー自身が雪崩を誘発している場合が多いといわれている。（道迷い遭難には含まれない）

［事例12］　05年3月29日、日帰りの予定で秋田県田沢湖町（現・仙北市田沢湖）側から乳頭山へ向かった、秋田市の中高年登山グループが下山せず、行方不明になった。

一行は総勢43人（男27人、女16人）で、59歳から78歳の中高年。29日9時ごろ孫六温泉口から入山し、11時30分に田代平山荘に到着した。昼食をとっている間に風雪が強まったため、山頂へ向かうのを中止して、13時ごろ同じ孫六コースを下り始めた。目印に立てた標識が発見できなかったが、リーダーのS（男性・73歳）は「風で吹き飛ばされた」と判断して、そのまま進んだ。

13時30分ごろ、南側の沢に外れたことに気がついて、正規ルートの尾根に戻ろうとした。このとき、知らないうちに県境尾根を越えて大きくルートを外れたらしい（当時は気づいていなかった）。さらに三つか四つの尾根を越えて下り続けた。この時点では、まだ孫六温泉へ向かっていると思っていた。

夕方になって、Sはコースを誤ったかもしれないと感じ始めた。「7割は蟹場《がにば》尾根、3割は葛根田《かっこんだ》側にいると思った。しかし、まわりに伝えると不安を与えそうだったので、昔からの山仲間のメンバーにだけ伝えた」と、記者会見でSは話している。こうしてグループ中の一部のメンバーは事態を把握していたが、ほかの多くのメンバーは、田沢湖側の正規ルートを下っていると信じていた。

19時30分過ぎ、Sは「暗くなる前に、夜を明かす用意をしよう」と指示を与え、ブナ林に全員が集まった。3〜5人単位で持参したツエルトをかぶって肩を寄せ合い、乾パンやチョコレートなどを小出しにして食べた。夜は風雪でかなり寒かったが、全員が固まって温め合いながら、山の歌や歌謡曲を次々に合唱し、よもやま話をして励まし合った。ビバーク中の不安や悲壮感はなく、幸いに一人の故障者も、凍傷になる者もなしに、無事に朝を迎えることができた。

彼らがビバークに入ったところ、下界では早々と19時40分に、家族から角館《かくのだて》署に１１０番通報が寄せられていた。家族に知らされていた帰宅予定時刻は19時20分、その20分後の通報だった。同署が登山口などを調べたところ、遭難の可能性が強まり、翌30日5時30分には現地対策本部が設置された。

早朝6時に県警ヘリが出動するが、視界不良のため捜索を断念。その直後、山中にいる男性メンバーの携帯電話から「全員無事。けが人や病気の者はいない。蟹場温泉に向かって下山中」との連絡が入った。8時ごろ、同署員と地元山岳会の捜索隊が、蟹場温泉口、孫六温泉口の2ルートに分かれて入山。9時ごろ、県警ヘリも再出動した。

11時14分、再びメンバーの携帯電話から、対策本部にいた関係者あてに、「道を間違えて蟹場尾根の南側にいる。一人が大釜温泉を目指して下山している」と連絡が入った。一時は楽観ムードが広がったが、この情報はいずれも誤りだった。現在地を把握できていない登山グループが携帯電話で誤った情報を流したことによって、捜索活動が混乱させられたことが、この遭難の特徴であった。

一方、山中でビバークしたグループは、翌朝6時ごろから下山ルートを求めて行動を開始した。メンバーが持っていた携帯電話を7台ほど集めて確保し、連絡役となったメンバーが携帯電話のつながる場所を探し当てて、家族や山岳会関係者らに情報を伝えていた。11時ごろ、Sはメンバーの消耗をみて自力下山は困難と判断し、それ以降は、警察への連絡を優先させるように切り替えた。そして、登山経験が豊富なベテランのK（男・61歳）が先行して下山することになった。

K自身は、ビバークした時点で、岩手県側に下っていることに気づいていた。葛根田地熱発電所を目指して下りるしかないと判断していたが、「途中、難しい通過箇所があったので、自分が先に下り、川の縁に休めるような場所を確保して一行を待っていた。しかし、やはり下りて来られないようだったので、このままでは時間をとってしまうと思い、一人で発電所に向かった」。

Kは発電所にたどり着き、電話を借りて自宅の家族に状況を知らせた。13時55分、Kの娘を通じて角館署に「雫石町の地熱発電所から電話している。発電所近くの葛根田川付近の尾根に42人が待機している」と伝えられ、ここで初めて、遭難者たちが岩手県側にいることが明らかになった。

14時35分、山中のメンバーから「蟹場の尾根にいる。43人全員無事」と１１０番通報が入り、岩手県警が受理した。このとき、彼らはまだ現在地を把握できていなかったが、この通報と前後して、対策本部にいた山岳会関係者から「先行して下山したKが、雫石町内で岩手県警に保護された」と伝えられた。14時50分、角館署からメンバーへの電話に対し、「葛根田川が見えるところにいるが、川との間に２、３００ｍの崖がある。３㎞ほど先に地熱発電所が見える。42人けがなし、病人もなし。食料がない」と返答している。

15時ごろ、岩手県警の捜索隊10人が滝の上温泉登山口から入山した。16時25分、角館署からメンバーへの電話に対し、「１㎞ほど先に捜索隊の姿が確認できる。食事を分け合って飢えをしのぎ、焚き火で暖をとっている」と返答。17時52分、捜索隊は42人と合流し、後続していた捜索隊の到着を待って、19時から全員で下山を開始した。

30日22時45分ごろ、42人全員が地熱発電所に無事下山した。29日朝の入山から約38時間が過ぎていた。メンバーのうち男性３人は、頭痛、動悸、手足の指先の凍傷などを訴えて病院へ運ばれたが、いずれも軽症だった。

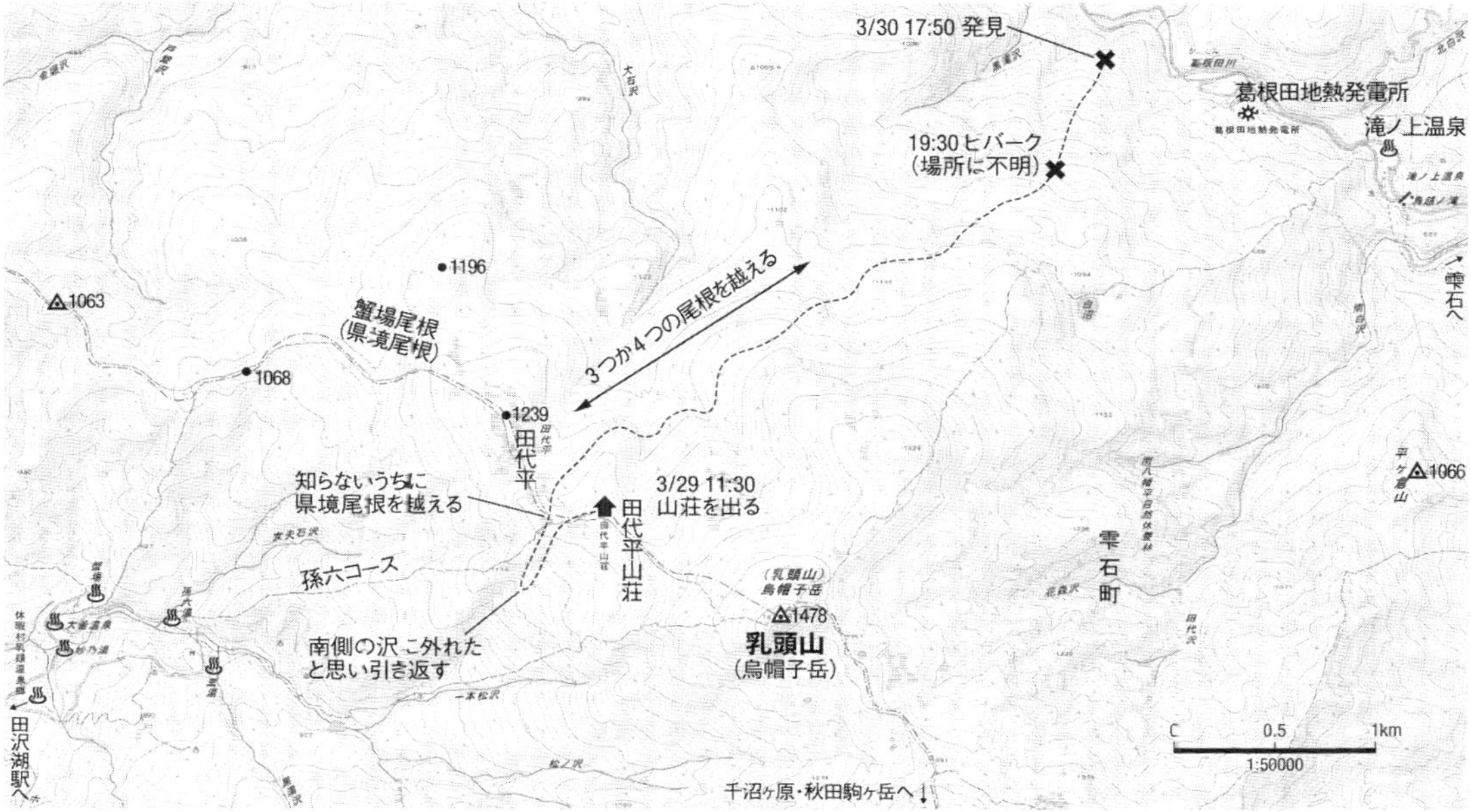

乳頭山（事例 12）の遭難者が迷った径路（5万分ノ1地形図「雫石」）

乳頭山の田代平付近一帯は「迷い尾根」ともいわれ、尾根と谷筋のはっきりしない、迷いやすい地形が広がる。実際に積雪期の田代平に立つと、平らなだだっ広い雪原が続くばかりで、地形を頼りに進行方向を見きわめることは非常に難しい。晴れていて遠くまで見渡すことができれば、遠くの山並みや眼下の田沢湖などを目印に進むことができるのだが、視界が悪いときは、コンパスで方角を決めながら進むか、雪面に立てた標識を頼りにするしかない。

しかし、このような地形でも、読図技術を駆使して正しいルートを見いだすことができる。地形図を注意して見れば、最も迷いやすいポイントは、Ⓐ孫六コースと蟹場尾根（県境尾根）の分岐、さらに蟹場尾根を下る場合は、Ⓑ田代平からＰ１０６８への下降点、Ⓒ蟹場尾根から蟹場への下降点、以上の３カ所と予想がつく。そして、ルートファインディングの難しさからみて、孫六コースよりも蟹場尾根コースのほうがはるかに困難なこともわかる。したがって、本事例のように風雪で視界がきかない悪条件のときには、下山コースとして蟹場尾根をとらないことが重要だ。

孫六コースを下山すると決めれば、迷いやすいポイントは蟹場尾根との分岐点のみに絞られる。田代平山荘を起点として、次のようにすればよい（方角の表現は磁北線に対するものなので注意。２万５０００分ノ１地形図「秋田駒ヶ岳」参照）。

①真西に３００〜４００ｍ直進し、斜面の傾斜が急になる手前で止まる。

②南西〜南南西に方向を変えて、急傾斜の南側を回り込むように下る。

③北側（右側）に接する谷筋がはっきりしてきたら、それに沿ってほぼ西方向に下る。

④ブナ林帯に入り、尾根を外さないように、ほぼ西方向に下り続ければ孫六温泉に着く。安全に思えても、コンパスで方角を確認しながら進むこと。

なお、登路に孫六コースをとった場合は、蟹場尾根との分岐点を中心に標識を立てておけば、いっそう確実に下山できる。

本事例の遭難原因がどこにあったかといえば、要するに、以上のような慎重な行動をとらなかったからであろう。メンバーのなかには経験豊富なベテランがおり、雪山の難しさや危険性もよく知っていたはずである。それでも、気候が穏やかになる3月末という季節、日帰りで乳頭山へという気楽さから、結局は山を甘くみることにつながってしまった。

リーダーであるSの証言によれば、山荘を出発して30分後、ひとつ南側の沢に外れたことに気づき、引き返して尾根へ登り返した。このときに、誤って県境尾根（蟹場尾根）を越えてしまったという。その後は、「下ればかならず孫六温泉に着けると思っていた」ので、どんどん先へ進んだが、それは孫六コースとは正反対の方向だった。「地図やコンパスは持っていたが、おかしいな、と思ったときにはじめて出した」とも説明した。

「四季を通じて何十回も登ったことがあり、こんな迷い方をするはずがないと思っていたが、これが大きな間違いだったかもしれない」と、Sは振り返った。

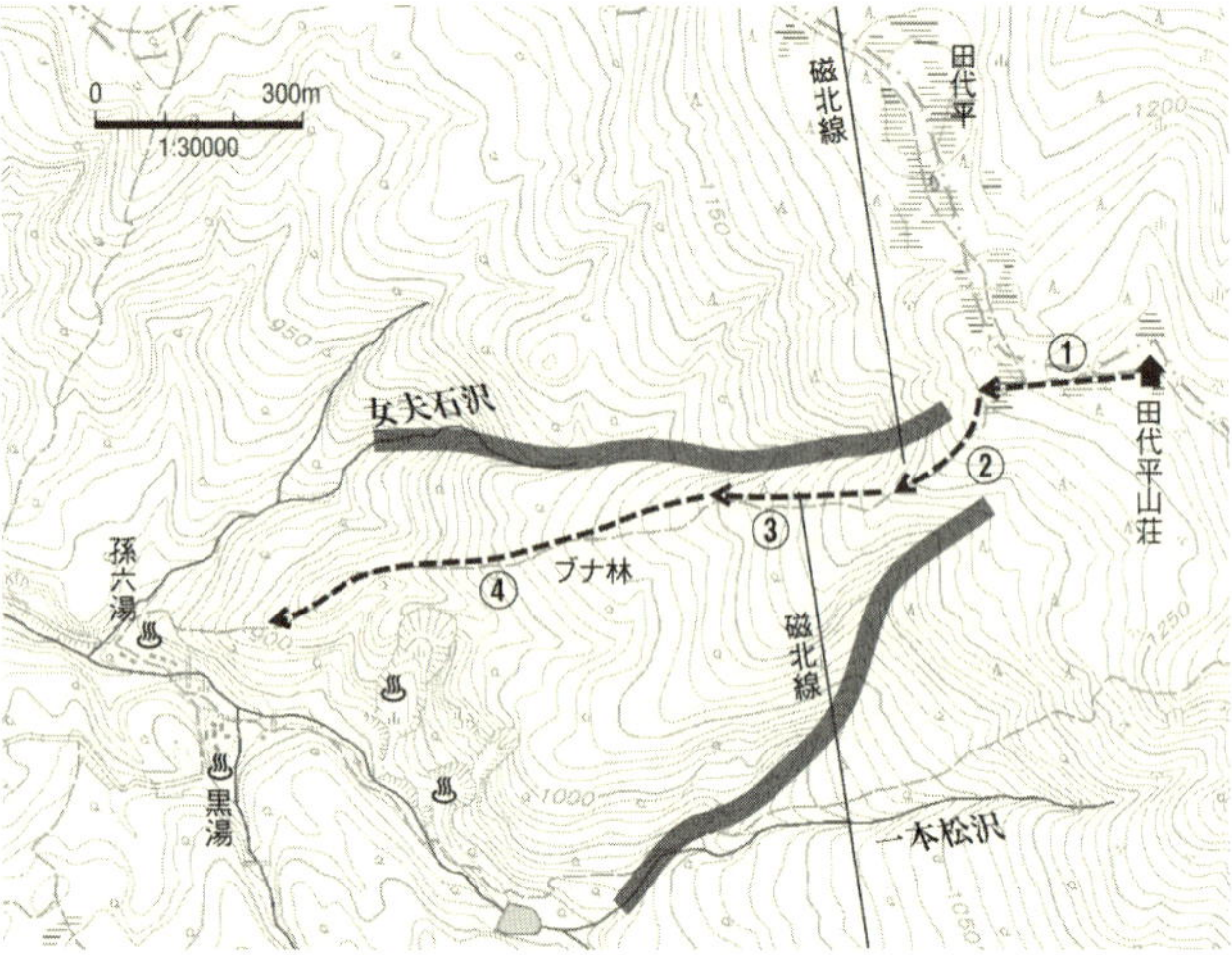

田代平山荘〜孫六コースのナビゲーション例
（2万5000分ノ1地形図「秋田駒ヶ岳」）

①小屋から真西へ300〜400m直進して、傾斜が急になる手前で止まる。
②南〜南南西へ下り、右側へ落ちる急斜面の縁を回り込むように、しだいに右へ曲がる。
③右側に谷が落ちているのを意識しながら、ほぼ真西へ下る。
④尾根筋を外さないようにしながらブナ林の中を下り続けると、孫六ノ湯に着く。
※方角は磁北線に対するもの。標識(赤布+竹竿)、高度計、GPSを併用すればより確実である。

第3章

低山での道迷い遭難の実態

①丹沢の道迷い遭難地図

　さまざまな事例を紹介してきたが、まだ説明していない道迷い遭難のパターンがある。それは、低山での道迷いである。都市近郊にあっておもに日帰りハイキングの対象となっている、多くの人が「安全でやさしい」と考えている山々でこそ、道迷い遭難は多発しているのである。

　その実態に迫るために、関東・首都圏でも道迷い遭難が多い丹沢山塊を例として、どのような道迷い遭難が起こっているかをクローズアップしてみよう。

■遭難発生地図の作り方

　P101〜103に掲載した地図は、丹沢における最近5年間（09〜13年）の「道迷い遭難発生地図」で、次のようにして作成した。図中のA〜Eは遭難が多発している場所である。

①遭難事例を集めて発生日順に整理し、日付順に通し番号をつける。

②地図中で、各遭難事例の発生した場所に、該当する番号・記号を記入する。

③記号は、死亡（または行方不明）、負傷、無事救助（無傷）の3種類に分ける。

　この作業のなかで、「道迷い遭難の発生した場所」を決めることは難しい。道迷い遭難の場合、

▶本文P106に続く

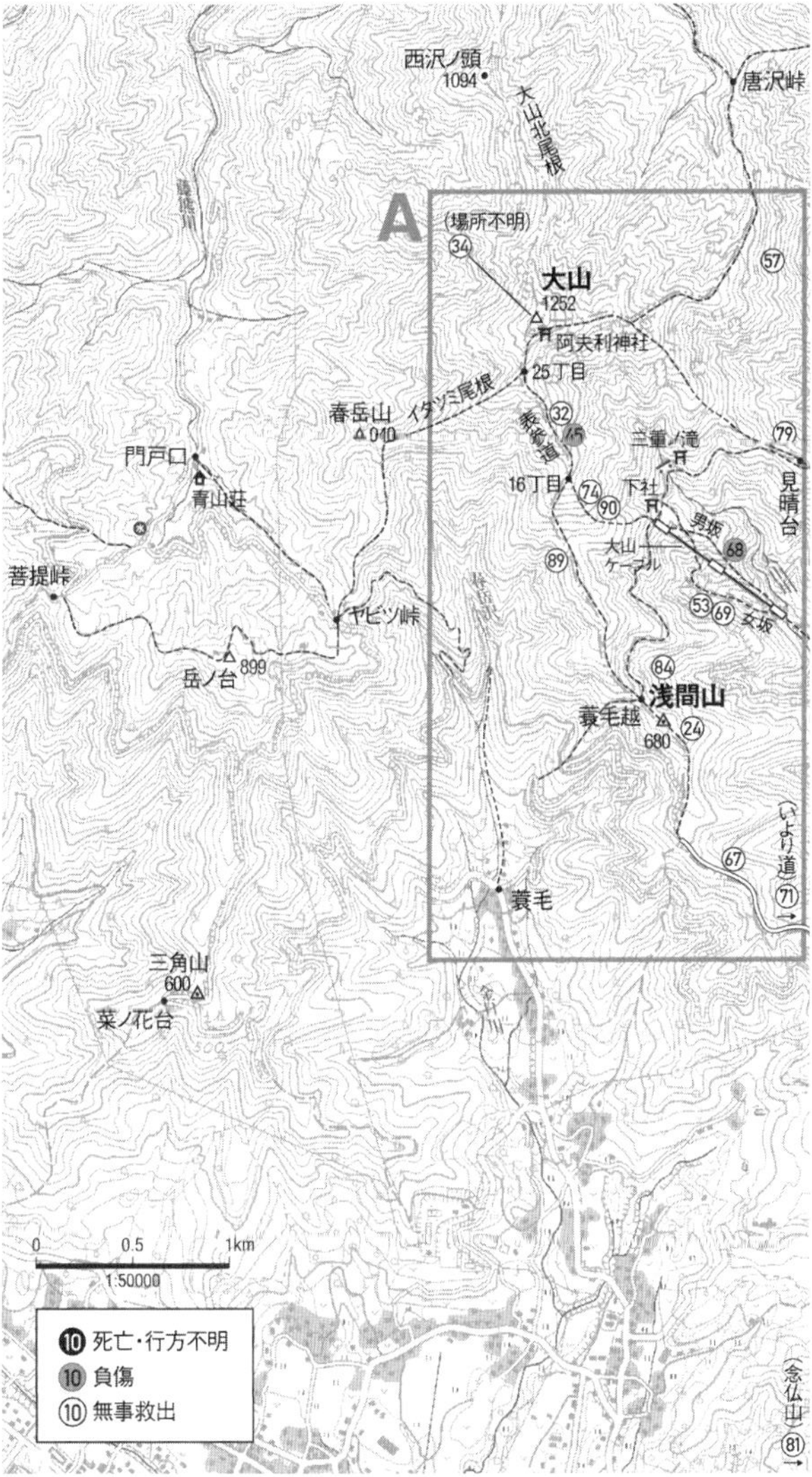

丹沢・道迷い遭難発生地図(大山周辺)

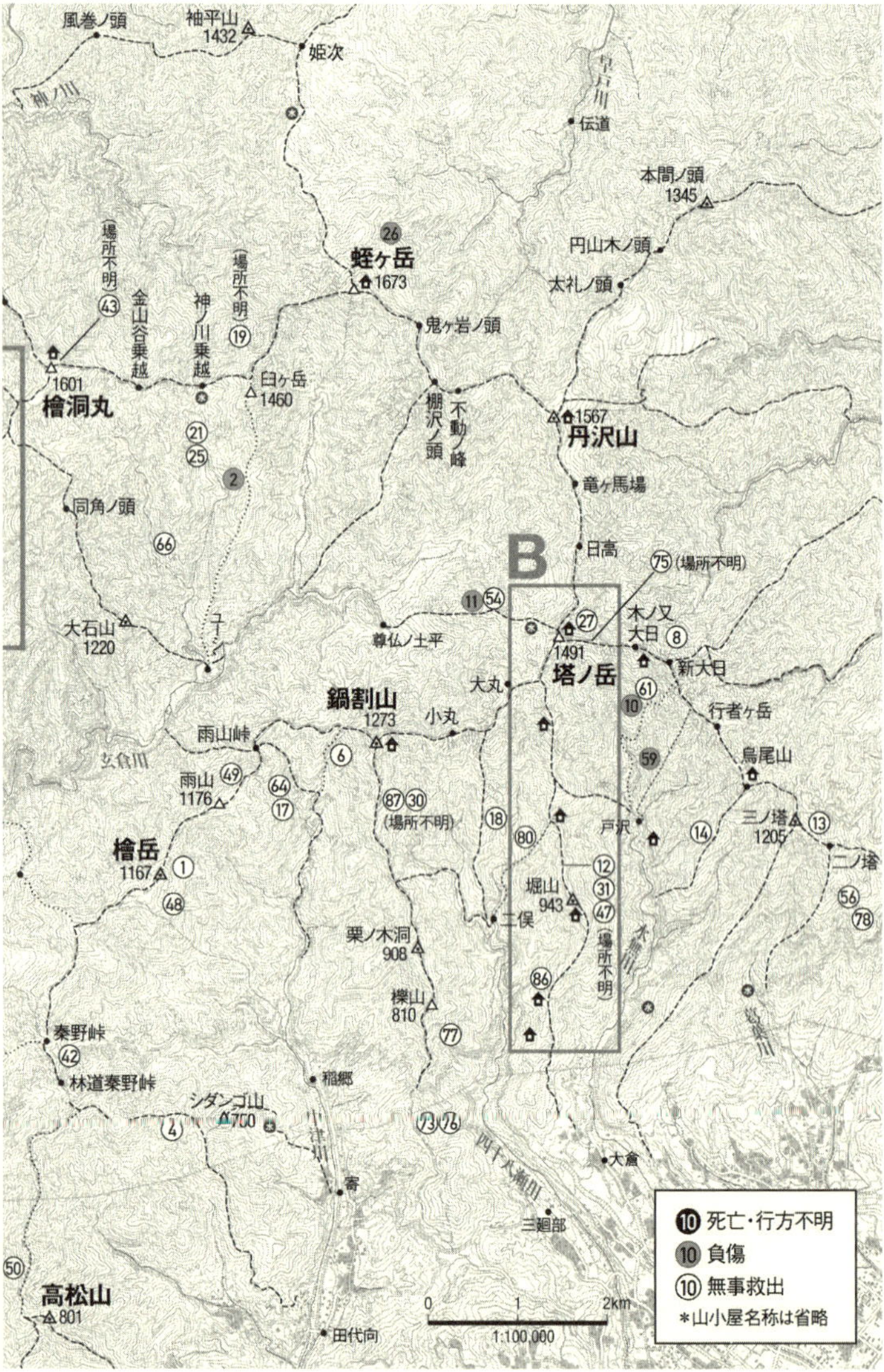

丹沢・道迷い遭難発生地図（東丹沢方面）

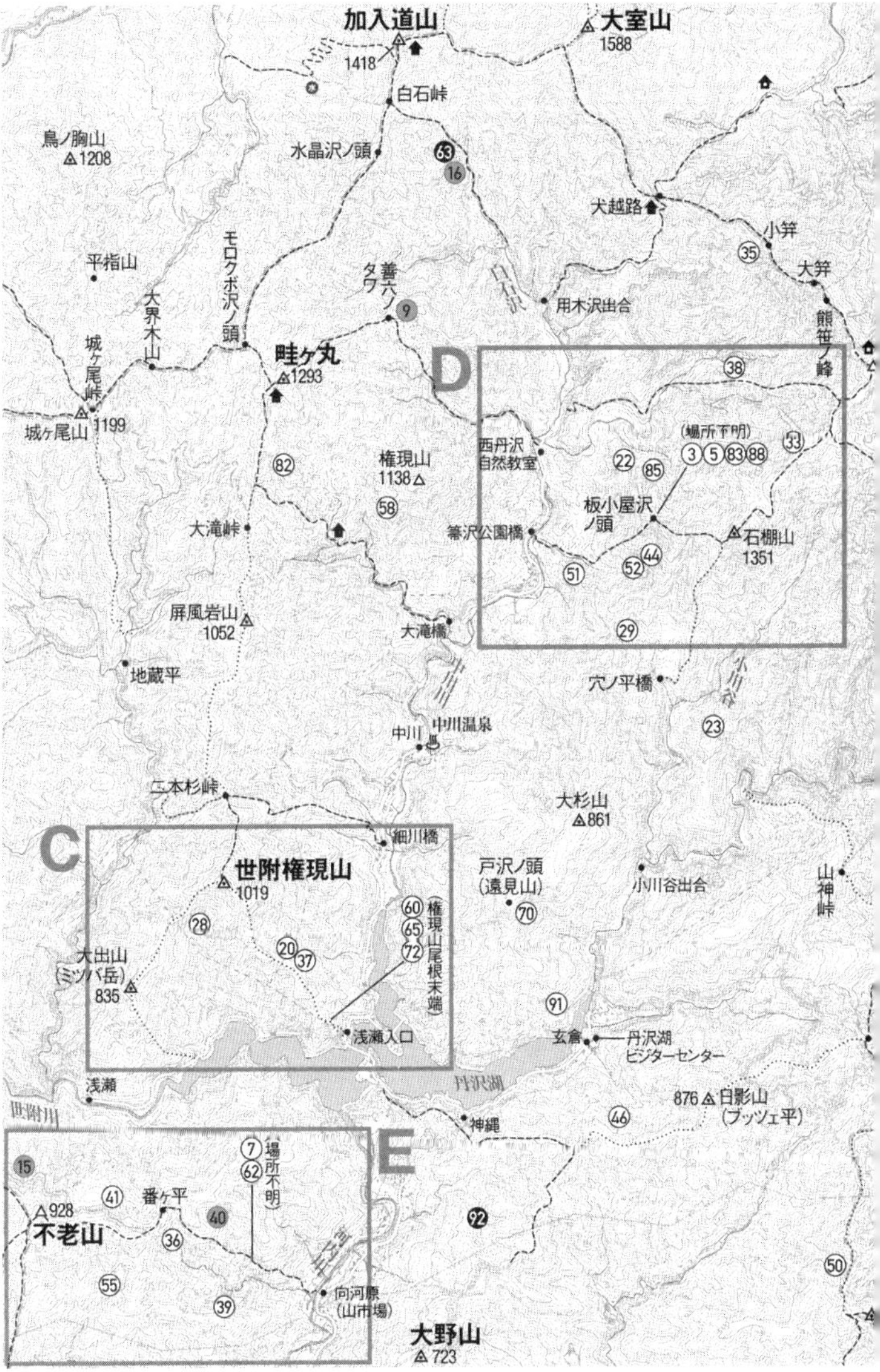

丹沢・道迷い遭難発生地図(西丹沢方面)

丹沢・道迷い遭難一覧（2009-13年）

※Noは地図の丸数字と対応／○＝無事救助

年	No	月日	遭難者	死傷	遭難場所
2009年	1	1/12	女（59）	○	檜岳山頂付近
	2	3/19	男（56）	重傷	臼ヶ岳朝日向尾根
	3	4/5	男女3［年齢不明］	○	板小屋沢ノ頭
	4	4/13	男（67）	○	シダンゴ山
	5	5/2	男（57）	○	板小屋沢ノ頭
	6	5/3	男（50）	○	寄越場沢
	7	5/3	男（46）	○	不老山山市場コース
	8	5/20	男（66）	○	本谷沢
	9	7/25	男（62）	軽傷	畦ヶ丸善六のタワ付近
	10	8/9	男（65）	軽傷	行者ヶ岳中腹白竜ノ滝
	11	8/18	男（62）	軽傷	塔ノ岳－ユーシン
	12	8/27	男（27）	○	大倉尾根
	13	9/6	男（40）	○	三ノ塔
	14	9/28	男（40・6・6）	○	烏尾尾根
	15	10/1	女（64・58）	軽傷	不老山山市場コース
	16	11/15	男（45・9・5）	軽傷	白石峠登山道
	17	12/12	男（38）・女（30）	○	寄沢イイハシの大滝上
	18	12/14	男（34）	○	小丸尾根
2010年	19	2/9	男［年齢不明］	不明	臼ヶ岳
	20	3/17	女（68・66・63）	○	世附権現山ヲソノ尾根
	21	6/12	男（54）・女（59・58）	○	神ノ川乗越の水場
	22	6/13	男（58）	○	石棚沢出合
	23	6/13	男（35・32）	○	芋ノ沢の頭（沢登り）
	24	6/15	男（45）	○	浅間山付近
	25	8/15	男（64）	○	ユーシン沢源頭
	26	9/13	男（25）	軽傷	蛭ヶ岳北斜面
	27	9/18	男（66）	○	尊仏山荘
	28	9/19	男（59）	○	世附権現山寺ノ沢源頭
	29	10/16	男（70）	○	石棚山南方稜線
	30	10/17	男（70）	○	後沢乗越
	31	11/2	男（51）	○	大倉尾根
	32	11/13	女3（20-30代）	○	大山山頂－下社
	33	11/20	女（32）	○	テシロの頭
	34	11/23	男（24）・女（21）	○	大山ガレ場
	35	12/5	男（31）	○	小コウゲ－梱棘擬沢
	36	12/5	女（57・61）	○	不老山火打沢源頭
2011年	37	1/9	男（69）・女（66）	○	世附権現山南東尾根
	38	2/6	男（52）	○	ツツジ新道
	39	2/26	男（49）	○	不老山東南尾根
	40	4/3	女（31）	軽傷	不老山東方雑畑沢
	41	4/17	男（51）	○	不老山番ヶ平
	42	5/19	男（66）	○	秦野峠
	43	8/29	男（54・9）	○	檜洞丸
	44	9/15	男（57）	○	石棚沢ノ頭
	45	9/19	女（23）	軽傷	大山山頂－下社

2011年	46	9/25	女（69）	○	大野山－丹沢湖
	47	9/26	女（31・31）	○	大倉尾根
	48	11/12	女（43）	○	檜岳滝郷沢
	49	11/13	男（44）・女（36）	○	雨山峠
	50	11/20	男（49）	○	高松山北側尾根
	51	11/23	男（50）・女（45）	○	箒沢
2012年	52	1/1	男（42）	○	板小屋沢付近
	53	1/9	女（13）	○	下社－女坂
	54	2/11	男（23）	○	塔ノ岳－ユーシン
	55	3/24	男（44・42）	○	不老山塩沢上流
	56	4/15	男（33・33・32）	○	二ノ塔大戸沢
	57	4/21	男（53）	○	大山東方日向沢
	58	7/8	男（50・54・51・30）	○	権現山南西尾根
	59	8/5	男（44）	重傷	セドの沢 900m 付近
	60	8/13	男（33・32）	○	世附権現山南東尾根
	61	9/8	男（52）	○	書策新道－鉱山跡地
	62	10/6	男（53・40）・女（33・27）	○	棚沢
	63	10/26	男（83）	死亡	白石ノ滝－白石峠間
	64	11/11	男（31）	○	寄沢
	65	11/18	男（71・66）・女（71）	○	世附権現山南東尾根
	66	11/18	男（62）	○	ザンザ洞
	67	11/18	男（21）	○	浅間山秦野無線中継所
	68	11/18	男（79）	軽傷	下社－男坂
	69	12/1	男（64）	○	下社－女坂
	70	12/8	女（62・38）	○	戸沢ノ頭
	71	12/14	女（69）	○	大山いより道
2013年	72	1/3	男（45・10）	○	世附権現山南東尾根
	73	1/6	男（44）	○	櫟山南 1.5km
	74	1/23	男（25）・女（24）	○	16 丁目－かごや道
	75	1/30	男（53）	○	丹沢表尾根
	76	3/1	男（50）・女（53）	○	櫟山－三廻部林道
	77	3/10	男（80）	○	鍋割山県民の森付近
	78	3/23	男（50）・女（41）	○	二ノ塔南東尾根
	79	4/20	男（25・25）・女（24）	○	大山見晴台
	80	5/26	女（48・48）	○	四十八瀬川二俣付近
	81	7/17	女（46）	○	念仏山（大山南尾根）
	82	10/13	男（71）・女（66）	○	大滝沢
	83	10/13	男（36）・女（35）	○	板小屋沢ノ頭
	84	10/14	男（80・72）	○	大山南尾根
	85	10/21	男（71）	○	石棚沢登山道
	86	10/31	男（71・71・70）	○	見晴茶屋
	87	11/3	男（39）・女（33）	○	鍋割山
	88	11/16	男（60）	○	板小屋沢ノ頭
	89	11/19	男（70）	○	大山山頂－蓑毛
	90	11/24	男（42）	○	16 丁目－かごや道
	91	12/4	男（53）	○	玄倉川橋対岸の斜面
	92	12/30	男（74）	死亡	大野山西方堀木沢

当事者が迷った場所や径路などを把握していることはほとんどないからである。そこで、発生場所については、次のような原則に従って、推定したものも含めて記載している。

・遭難者が山中で救助（または遺体収容）された場合、その場所を遭難発生場所とする。

・遭難者が登山道や林道などへ自力脱出できた場合、最初に迷い始めた区域の中心部付近を遭難発生場所とする。

・事例の内容から遭難発生場所を特定できない場合、最初に迷い始めた区域を推定して、そこに近い山道、尾根、沢、山頂などに暫定的に記入する。この場合、「場所不明」などと注記して、暫定的であることがわかるようにしておく。

■丹沢の道迷い遭難の特徴

丹沢の「道迷い遭難発生地図」を見て、第1の感想は、とにかく遭難が多いということである。丹沢は急峻な地形と複雑に入り組んだ山道のため、道迷いの起こりやすいエリアである。道迷いの結果、行動不能や下山遅れになる遭難が多発しており、その数は神奈川県の松田・秦野・伊勢原署管内だけで、5年間で90件以上に及ぶ。このように遭難が多いにもかかわらず、丹沢は首都圏の人には身近で親しみやすく、「気軽に行ける山」なのである。

ここにリストした道迷い遭難は、多くの結果が「無事救出」で、死亡や重傷の事例は少ない。しかし、丹沢の場合、転落・滑落事故のなかで道迷いが誘引になったものが少なくないと推測している。そういう事例は、この地図には含まれていない。

第2に、道迷い遭難がくり返し起こっている場所はどこだろうか？　遭難の多発する場所を洗い出して遭難防止に役立てることは、このような遭難地図を作成する直接的な目的といえる。

地図を検討すると、道迷い遭難が多発している場所は次の5カ所が指摘できる。

A　大山

B　塔ノ岳〜大倉（大倉尾根）

C　世附《よづく》権現山

D　檜洞丸《ひのきぼらまる》石棚コース

E　不老山山市場コース

AとBでは、「日没になり、ライトがなくて歩けない」「コースをまちがえて、地図がなくて歩けない」というように、ビギナーまたは初級者のミスによる道迷い遭難が起こっている。

C・D・Eでは、複雑な地形に起因する典型的な道迷い遭難が起こっている。

このほかに、丹沢ではヤブ尾根、古道、廃道のような難ルートに挑戦する登山が一部で行なわれており、そのようなバリエーションルートに失敗して遭難する例も多く、注意を要する。

以上について、個々の遭難事例を紹介しながら、その問題点を考えていきたい。

②超初歩的ミスや装備不足による道迷い

［事例13］　大倉尾根（31）　10年11月2日、男性（51歳）は11時に大倉から登山を開始。堀山の家を通過後、塔ノ岳まで行くのは無理と判断して引き返し、二俣コースを下るが途中で道に迷い、再び引き返した。ライトを点灯して大倉尾根を下り、30分ほどで沢のようなけわしい道で行き詰まって１１９番通報。深夜に救助された。

［事例14］　塔ノ岳〜ユーシン（54）　男性（23歳）は登山経験１年。12年２月11日、表尾根から塔ノ岳へ登山後、大倉尾根を下る予定だったが、道を誤って玄倉方面へ下山してしまった。携帯電話はつながらず、東丹沢の地図しかなかったため、ユーシンロッジの公衆電話から救助要請。ユーシン直近からバス停まで車で搬送してもらった。

［事例15］　見晴茶屋付近（86）　13年10月31日、男性３人（71・71・70歳）は二俣から鍋割山を経由して、15時ごろ塔ノ岳に到着。大倉尾根を下山途中で日没となったが、一人もライト類を持っていなかったため、見晴茶屋付近で身動きがとれなくなった。家族を通じて秦野署へ通報し、20時に救助隊が現地へ到着して、遭難者を同伴しながら下山した。

丹沢は登山の知識・技術がほとんどない人も登っている。特に表丹沢の大山、塔ノ岳、鍋割山周辺では、登山経験0〜1年の初心者が、超初歩的ミスのため遭難し、救助要請している実態がある。それらの多くは「遭難騒ぎ」というべきもので、本来の山岳遭難とは次元が異なるのだが、警察の記録や統計上では区別されずに1件の遭難として扱われている。この種の遭難が多発しているために、統計上の遭難発生数も大きく上乗せされていると考えられる。

事例13は、まず登り始めの時刻が遅すぎる。塔ノ岳まで往復約6時間のコースに対して11時出発では、普通のペースなら下山時に暗くなるのは明らか。そして、時間切れで下山するという非常事態のときに、堀山の家から別ルートを欲張っていることも、危機意識がまったくみられない。

事例14は、別コースにそれただけで、正規の登山ルート上にいるにもかかわらず救助要請したという事例である。山岳遭難の要素はないのだが、本人が救助要請して救助関係者が出動した以上、山岳遭難として扱われ、原因（様態）別では「道迷い」に区分されている。

事例15は、下山中に暗くなり、登山の必携装備であるライトがないために動けなくなった。見晴茶屋から大倉までは通常なら30分ほど。がんばって歩いたが、間に合わなかったということだろう。通報すれば助けてもらえる便利な時代ともいえるが、このような緊張感の欠けた山登りをしていると、いつか本当に悲惨な遭難事故を起こしてしまうのではないだろうか。

③世附権現山／誤った情報が呼び込んだ道迷い

［事例16］　大出《おおだ》山コース（㉘）　10年9月19日、男性（59歳）は7時30分ごろ、大出山コースから権現山を目指した。登頂後、同コースを下山途中、道を見失い、寺ノ沢方面へ迷い込んだ。尾根と沢を行ったり来たりしているうちに疲労し、危険を感じたため、12時ごろ携帯電話で通報した。松田署員が現場へ到着し、遭難者に同行して下山した。

［事例17］　浅瀬入口上部（65）　12年11月18日、男女3人（66〜71歳）は大出山を経て権現山に登り、浅瀬入口への下山途中で道に迷った。丹沢湖近くまで下りたものの、両側が崖で、進行方向は落石防護柵が張り巡らされ、立ち往生してしまい救助要請。通りかかった人が山道に詳しい地元酒店のご主人を呼んで、助けられて下りることができた。

丹沢湖の北西に面する世附権現山は、コース途中の大出山（ミツバ岳）にミツマタの群生地があり、テレビ放映されたこともあって、すっかり有名になった。しかし、登山道は二本杉峠からのものしかなく、丹沢湖岸から権現山へ登る大出山コース、東南尾根コース は、どちらも正規の登山道ではないため、道標などの整備がされていない。道は全体的に崩壊が激しく、迷いやすい箇所がい

世附権現山（事例16・17）関係地図

くつかある。一時期、この両コースでは道迷い遭難が何度も起こった。インターネットなどで危険情報が知られたためか、最近は沈静化しているようだが、注意が必要なことは変わりない。

事例16のコースは、世附川橋手前の登山口から大出山を経て権現岳に登る。大出山〜権現岳間が不明瞭で、特に下降時に迷いやすい箇所があるようだ。遭難男性は寺ノ沢を下降せずに踏み留まることができたため、事故もなく救助された。

事例17のコースは、丹沢湖岸から権現山への急な尾根につけられている。末端で尾根が広がった箇所は迷いやすく、そこを通って尾根末端に出ると、丹沢湖に面した急崖の上でルートがわからなくなるという遭難事例が複数あった。冷静に探せばルートは見つかるはずだが、精神的に追い込まれて、気が動転してしまうのかもしれない。

④檜洞丸／複雑な地形による道迷い(1)

［事例18］ 石棚山付近（㉙） 10年10月16日、男性（70歳）は丹沢主稜コースを歩き、2日目の12時30分に檜洞丸に到着。箒沢へ下る予定だったが、途中で通過困難な堰堤が出てきたので引き返そうとし、途中で日没間近となって、疲労と不安のため１１９番通報した。男性はコースを南に外れており、通報時にＰ９２６、発見時は箒沢乗越にいた。

［事例19］ 石棚沢付近（㉟） 男13年10月20日、男性（71歳）は12時40分ごろ檜洞丸に到着。13時40分に下山開始し、板小屋沢ノ頭からけもの道に入って道に迷った。石棚沢付近まで迷い込んだと推測される。21日朝に家族が通報し、救助隊が出動準備をしていた10時ごろ、板小屋沢ノ頭へ戻った男性から家族へ連絡が入った。

檜洞丸から石棚山稜を経て箒沢公園橋に下るコースは、西丹沢でも特に道迷い遭難が多い。大倉尾根や大山と違って、登山経験の長い人でもミスをして遭難しているのが特徴だ。地図を見ればわかるように、石棚コースは分岐と曲折がとても多い。さらに、地図に書かれていない踏跡、けもの道などが交錯していることも予想できる。

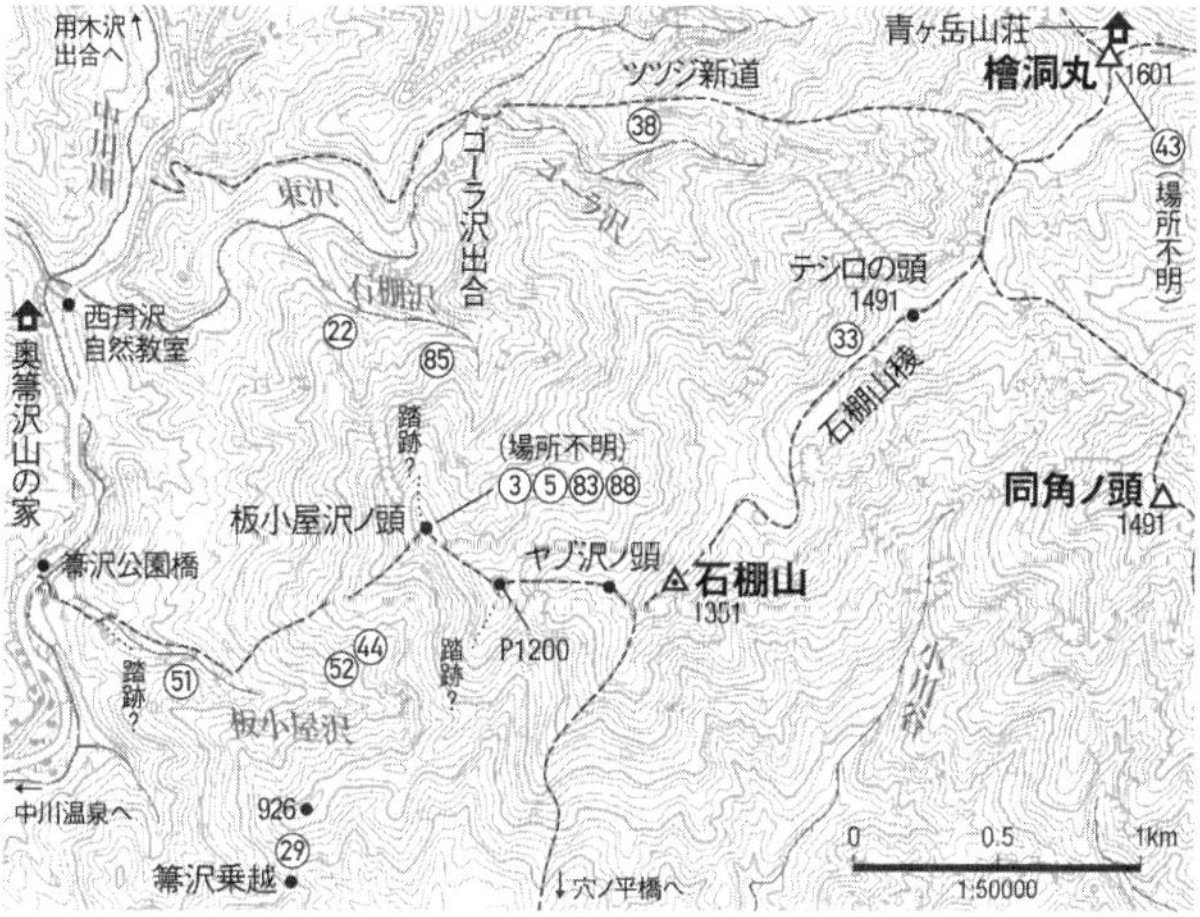

檜洞丸石棚コース（事例18・19）関係地図

事例18の男性は、ヤブ沢ノ頭の西にある1200mピークから分かれる稜線に引き込まれた。この稜線は檜洞丸から丹沢湖岸まで連なる大きな支稜で、最近はバリエーションルートとして歩かれているため、明瞭な踏跡があったと思われる。地図に書かれていない踏跡は、迷い込みやすく危険である。この道迷い遭難は、最近のバリエーション志向が引き起こした一面があるのだ。

事例19は、板小屋沢ノ頭から北へ分かれる支尾根へ引き込まれている。地図で見ても、いかにも迷いやすい地形である。多くの登山者が迷ったために、踏跡ができていたことだろう。

どんなルートであれ、登山中は地図を見て現在地を把握しながら行動するのが基本である。特に石棚コースのようなルートでは、地図を使用して現在地確認を確実に行なう必要がある。

⑤不老山／複雑な地形による道迷い(2)

［事例20］火打沢（㊱）10年12月5日、女性2人（61・57歳）は金時公園橋から不老山に登り、12時45分、番ヶ平方面へ向かった。16時、道に迷ったことに気づいたが沢まで下りてしまい、戻る道を探したが見つからず１１０番通報した。松田署員が19時15分に入山。20時30分、火打沢源流部にいた女性らをロープで引き上げ救助した。

［事例21］雑畑沢（㊵）11年4月3日、女性（31歳）は棚沢コースから不老山を往復する予定だったが、４つ目の道標を過ぎた付近から登山道を見失い、道のない場所へ入り、急な尾根を下っていたときに沢床まで約30ｍ滑落した。傷は打撲程度だったが、前後を滝に阻まれて動けず救助要請。県警ヘリが吊り上げ救助した。

不老山周辺では5年間に8件の道迷い遭難が起こっており、そのうち7件は山市場コース（棚沢コース）でのもの。地図を見ると、登山口から番ヶ平までは尾根、斜面、沢をぬう複雑なルートであることがわかる。下りだけでなく、登りでも道迷いが起こっている。

事例20は、番ヶ平の手前から火打沢へ迷い込んだ。火打沢は沢登りルートとして登られており、

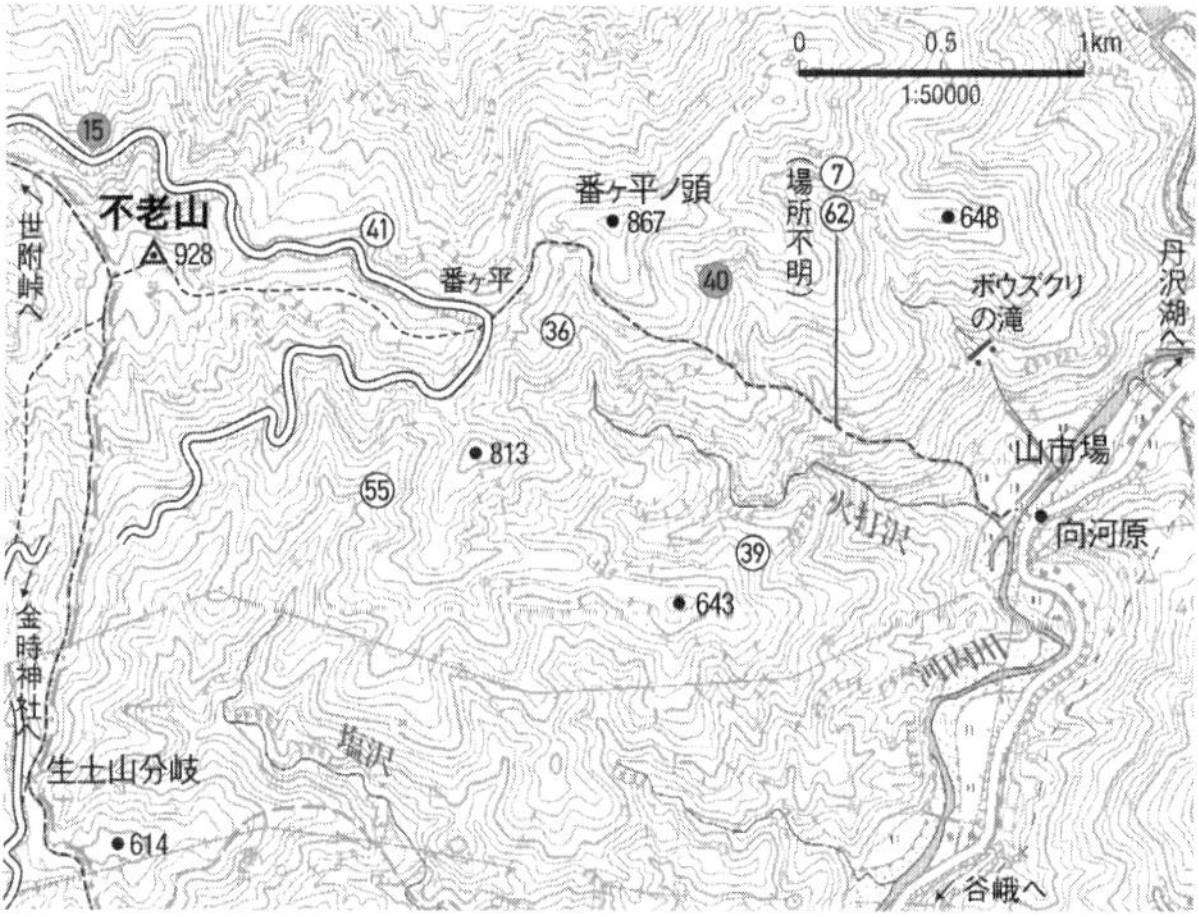

不老山山市場コース（事例 20・21）関係地図

源流部には沢から稜線へ上がる踏跡がつけられている。また、丹沢の場合、ニホンジカのけもの道が不規則についていることも多い。遭難者は踏跡に引き込まれて迷い、比較的楽に沢へ下れるように見えたのか、いったん沢に下ってルートを立て直そうとした。自力脱出に深入りせずに１１０番通報したのは、よい対応だったと思う。

　事例21は、登りで迷った例である。標高５００m付近からルート北側の沢へ迷い込んだと思われる。沢の中～下流部は滝が多く危険である。また、沢やヤブ尾根は何とか登れても、下りが困難な場合が多く、引き返せずに道迷いに陥ることがある。

　このように、不老山では沢へ迷い込んで進退きわまる例が多い。滑落の危険性が高いので注意が必要である。檜洞丸も同様だが、わかりやすい道標設置など、コース整備が重要な山だと思う。

⑥バリエーションルートに挑戦して道迷い

【事例22】 秦野峠（42） 11年5月19日、男性A・Bは寄《やどろぎ》水源林から登山道、けもの道などをたどって檜岳《ひのきだっか》へ登頂。秦野《はだの》峠へ向かったが、A（66歳）の疲労が激しかった。Bは先行して林道秦野峠でAを待ったが来ないため、ミロク山荘に下山して通報した。Aは道に迷って虫沢林道を下山しており、捜索中の松田署員に発見保護された。

【事例23】 白竜ノ滝付近（61） 12年9月8日、男性（52歳）は、戸沢出合から書策《かいさく》新道へ入山した。白竜ノ滝付近にある鉱山跡地を見るのが目的だったが、途中で道に迷い、約1時間道を探したが発見できないため通報した。ヘリが出動して男性を発見したが日没のため救助できず、翌日、救助隊が同行して無事下山した。

【事例24】 丹沢湖ビジターセンター対岸（91） 13年12月4日、男性（53歳）は加入道《かにゅうどう》避難小屋から大室《おおむろ》山、檜洞丸、ヤブ沢ノ頭、大杉山と歩いた。戸沢ノ頭から下山しようとして道に迷い、玄倉《くろくら》川橋の上に出てしまった。対岸の光を見たビジターセンターの職員が声をかけ、返答があったため通報。橋上からライトと声で誘導して下山させた。

檜岳・秦野峠(事例 22)関係地図

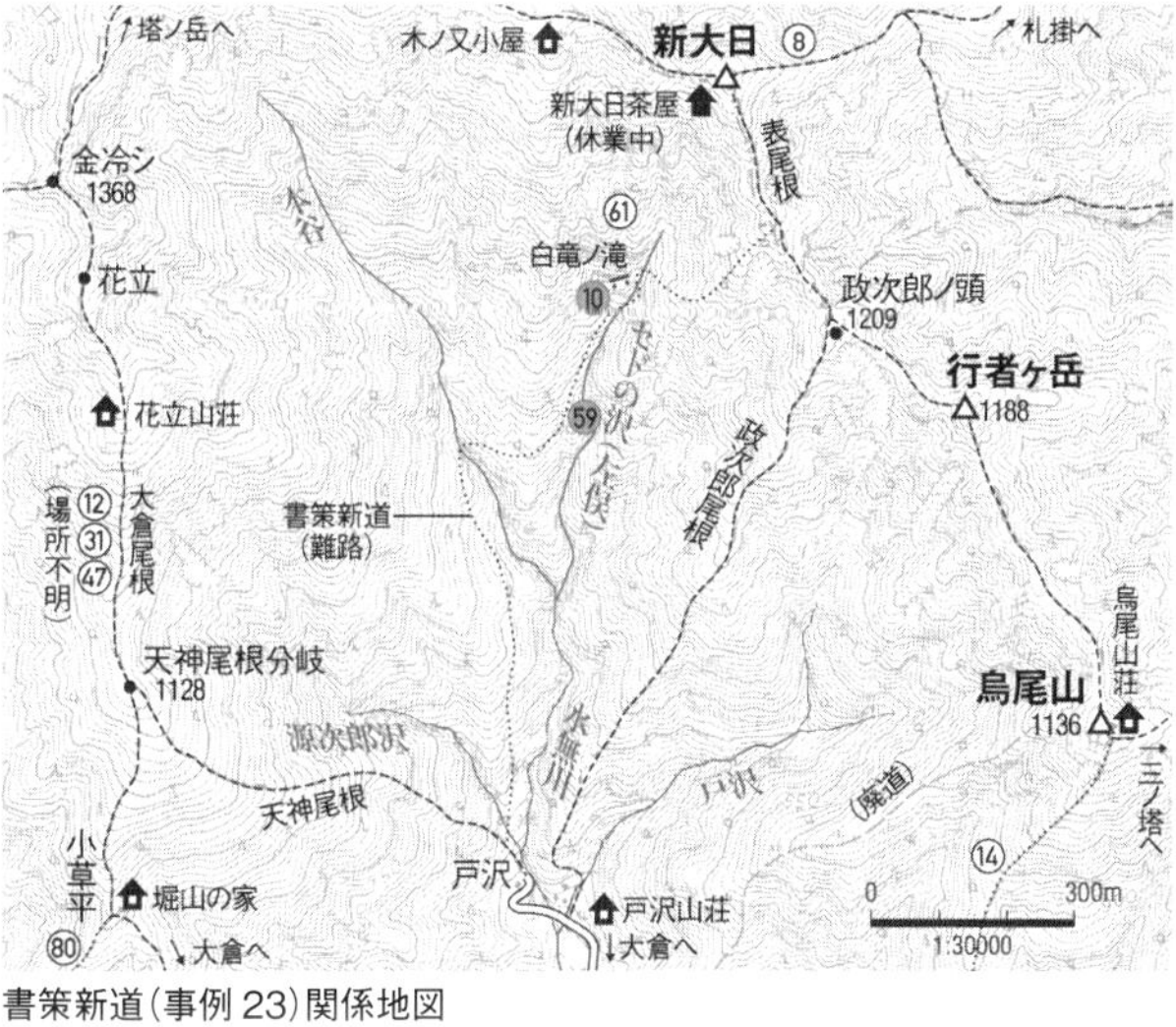

書策新道(事例 23)関係地図

丹沢に限らず、全国の都市近郊の低山で、あえて道のないヤブ尾根を歩いたり、廃道化した古道・旧道、踏跡やけもの道をたどる、いわゆる「バリエーションルート」の登山が行なわれている。そのような難コースに挑戦してみたものの、ミスをして遭難してしまったという事例がけっこう多い。この種の遭難は、一般社会通念からみれば許容しがたいことだろう。バリエーションルートに挑戦する人は、一般登山以上に慎重な計画・準備と、遭難対策面での慎重な配慮が必要なはずである。しかし、個々の遭難事例を見ると、そうではないケースが多い。

事例22は、寄水源林から一般登山道ではないルートで檜岳へ登り、秦野峠〜杉ノ沢林道〜出発点の周回ルートをめざしたらしい。登頂したもののAは疲労困憊状態となり、難ルートに対して実力不足だったことは明らか。その後はAをカバーしながら下山しなくてはならないのに、2人はバラバラになり破綻している。Bはパーティ行動の基本が理解できていなかったといえる。

事例23は、現在は廃道になっている書策新道を登り、白竜ノ滝と鉱山跡をめざしたが、ルートを外して迷ってしまった。白竜ノ滝は水無川セドノ沢左俣の上流、右沢と左沢の合流点近くにある。インターネットの情報が複数出ており、登る人の多いことがうかがえるが、ネット情報ではルートの難易度がほとんど判断できない。以前から沢登りルートになっている場所であり、踏跡が複雑に交錯していると推定される。相当なルートファインディング力が必要と考えるべきである。

事例24は、ヤブの薄くなる初冬期に、長距離の縦走ルートをめざした。ヤブ沢ノ頭から先はバリ

大杉山・戸沢ノ頭（事例 24）関係地図

エーションルートの稜線を行き、最後の大杉山から下降路を誤った。この付近も多数のネット情報が出ている。それによると、大杉山〜戸沢ノ頭（遠見山）間の稜線は迷いやすく、戸沢ノ頭からは断続する山道、仕事道をつないで中川橋へ下山できるようだ。いずれにせよ上級者向きのルートなので、一般的なレベルの登山者が安易に挑戦するべきではない。

　バリエーションルート志向は、丹沢だけでなく、栃木県を中心とした前日光・安蘇山塊、群馬県西上州エリア、奥武蔵・奥多摩、関西では鈴鹿、比良、六甲などでも起こっている現象である。今後、道迷い遭難多発との関連性が、ますます問題になっていくものと思う。

⑦まとめ――道迷い遭難のタイプ

第2章、第3章で紹介してきたように、道迷い遭難は多様な様態（起こり方）を含んでいる。

A　都市圏に近い低山では、道迷い遭難が多発している。それらは次のタイプが含まれる。

①初歩的ミスや装備不足のために、道迷いというよりも行動不能になって救助されるもの

②誤った情報などに影響されて、実力不足の登山者が特定の山・ルートに集中したことによって引き起こされた道迷い遭難

③実力不足の登山者がバリエーションルートに挑戦したものの、何らかのミスをして引き起こされた道迷い遭難（②と類似している）

④複雑な地形やルート構造上の難しさなどのために引き起こされた、本来の道迷い遭難

B　都市圏から比較的遠い深山・高山でも、低山に比べて頻度は少ないが、道迷い遭難が起こっている。山が深いだけに、沢筋などへ迷い込むと自力脱出、発見・救出ともに困難になり、死亡または未発見となって救命率の低いのが特徴である。

C　残雪期から初夏にかけて、登山ルートが残雪や落ち葉で隠される、または寸断されるなどの要因で道迷い遭難は起こりやすくなる。この種の道迷いは、低山・高山の両方で起こっている。

道迷い遭難のパターン

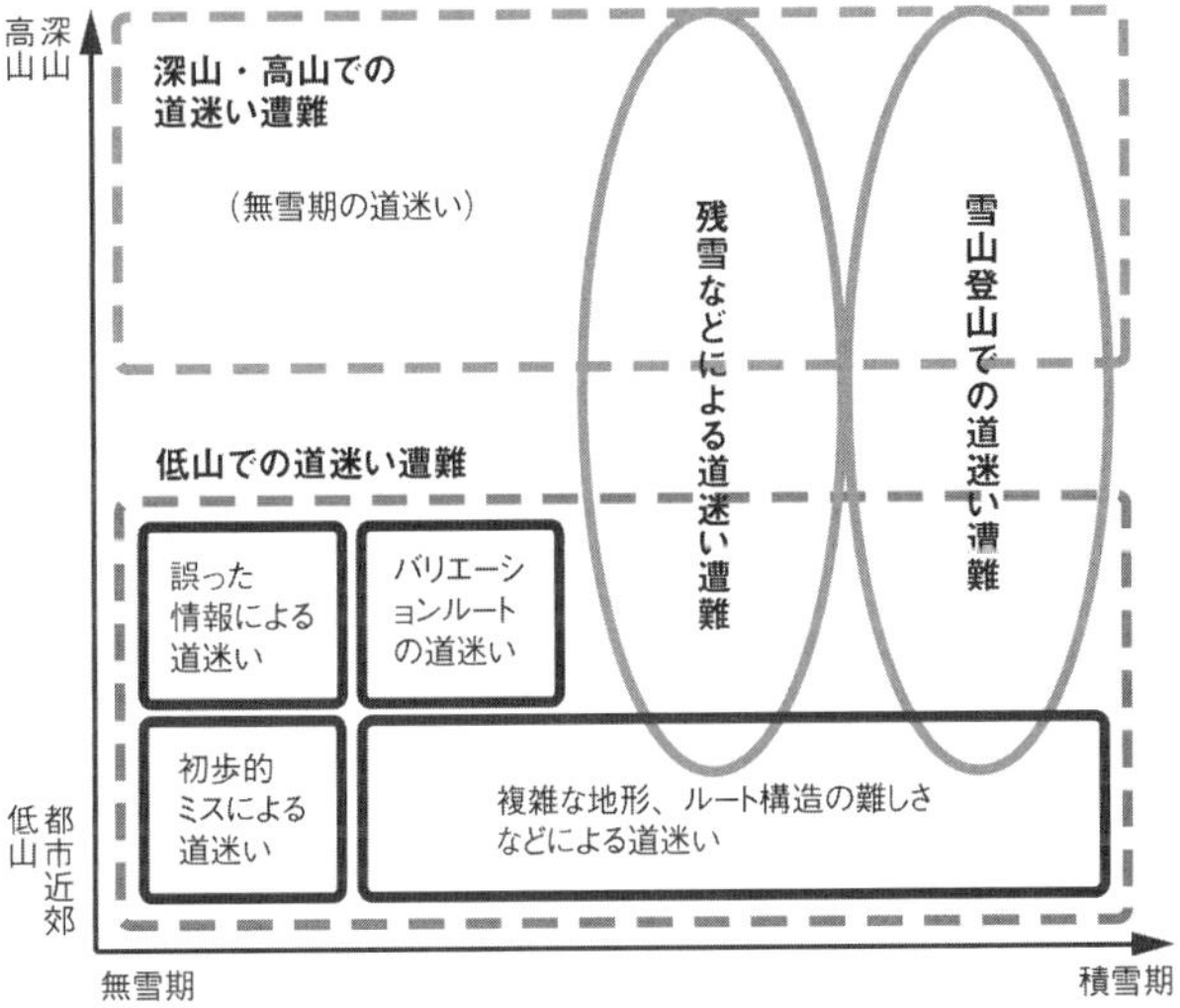

D　積雪期には登山道や踏跡は雪に隠され、登山者自身で行なうルートファインディングが重要となる。この時期には、ルートを大きく外れて予期しない場所へ迷い込むか、ホワイトアウトの状況下でのリングワンデリングなど、雪山独自の道迷い遭難が起こる。また、バックカントリースキーまたはスノーボードでの遭難発生の頻度が高い。積雪期の道迷いも、低山・高山の両方で起こっている。

　このように、道迷い遭難はさまざまな原因によって、さまざまな起こり方をしている。したがって、遭難防止のための対策も、個々の原因や起こり方に則したアプローチが考えられなくてはならない。

丹沢表尾根、戸沢源頭のガレで侵食された稜線を行く

第4章

道迷いを防ぐ登山技術《準備編》

①登山に対する意識・姿勢

さまざまな道迷い遭難の例を見てきたが、これらすべての例が、ごく普通に登山を楽しんでいる人々にも起こり得ることがわかってもらえるだろうか？

つまり、道迷いに限らないが、山の遭難事故は特別に危険なルートに挑戦する「上級者」だけが起こすのではない。また、一部の「無謀登山者」だけが遭難するのでもない。遭難事故は、ごく普通の登山を楽しんでいる一般登山者に起こり得ることなのである。遭難した人の多くが「これほど簡単に遭難するとは思っていなかった」と、口をそろえて言う。それは、登山というものが、いかに危険と隣り合わせで行なわれているかを示すものである。

では、どうすれば道迷い遭難を防げるだろうか。遭難を避けるために第一に重要なことは、安全登山のためには、正しい登山技術が必要だという意識・姿勢をもつことである。

・登山は、リスク（危険）のある自然の中で行なわれる冒険的行為である
・ほとんどの遭難事故は、登山者のミスによって起こる
・登山者のミスは、正しい登山技術によって防ぐことができる
・登山を通じてめざすものは、登山技術を身につけた「遭難しない登山者」になることである

登山がリスクに満ちた自然の中で行なわれることを了承するなら、登山者は自分自身を守るために、登山の専門知識・技術が必要であることがわかる。しかし、現代の登山ブームのなかで遭難がこれほど多発しているのは、リスクに対処するための登山知識・技術を身につけている人が、いかに少ないかという状況の現われだと考えられる。

登山という遊びをするには、それなりの専門知識を学習し、技術を練習しなくてはいけないのに、それをやらないで本番に行ってしまっている登山者が多い。そして、社会的にもその問題点が指摘されてこなかったばかりか、逆に、「難しい専門技術などなくても行けますよ……」というように、安易な方向性を助長することとさえ日常的に行なわれてきた。ガイド登山やツアー登山では、お客であるビギナーを誘う目的で、そのような言葉をかけるかもしれない。しかし、専門家に連れて行ってもらうのと、自分の実力で登るのとでは大きな開きがある。

本人の実力で登山をするために必要な知識・技術は多岐にわたり、修得するには地道に実践経験を重ねて学ぶしかない。事実、四半世紀前までの登山者は、山岳会に所属するなどして何年間もかけて技術を学んだのである。この地道な過程が省略されて、一足飛びにさまざまな本番の山登りにジャンプする人が多いのであれば、遭難多発状況となるのも当然であろう。

道迷い遭難は、基本的な登山知識・技術を身につけられれば、その多くが防止できると考えられる。以下の章では、道迷い遭難防止のために必要な登山技術を考えていきたい。

②登山技術とは何か

■一般登山の技術＝初級技術

登山の専門知識・技術には次の⑴〜⑹のようなものがある。これらは初級技術と位置づけられ、本格的な登山をするために、ひととおり身につけたいものである。

なお、本書でいう「本格的な登山」とは、無雪期の山で5〜6時間行程以上の日帰り登山、または山中泊を含む2日間以上の登山をさすものと考えたい。これに対して、3〜4時間行程までの山登り、高原歩きなどは「ハイキング」（軽登山）と定義することができる。多くの場合、ハイキングコースは遭難の危険が少なく、本格的な登山技術や装備がなくても行なうことができる。

⑴　登山用具・装備の知識

登山をするにはどんな用具・装備が必要か。それぞれの用具はどのような種類や製品があり、個々の特徴を知ったうえで、どれを選ぶのがよいか。道迷い遭難にはライトや地図を持たないために行動不能になる事例があるが、それらは正しい装備の知識を持つことによって防止できる。

⑵　登山計画

安全な登山をするには、あらかじめ登山計画を立てることが重要である。計画立案により危険箇

さまざまな登山技術とその関係

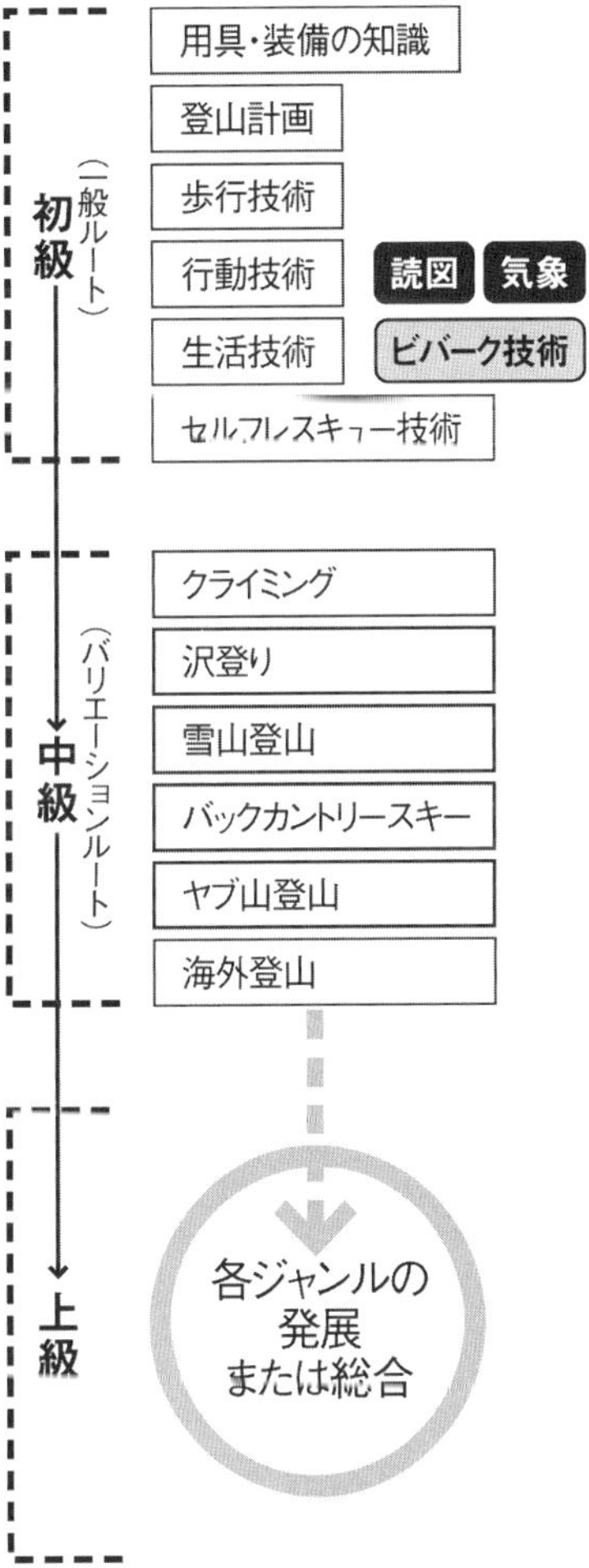

所のチェックや、無理のない行動計画、緊急時の避難対策などが可能になる。登山計画書を作成して遭難救助関係者に提出しておくことは、登山者自身で簡単に実行できる遭難対策となる。

(3)　歩行技術

山の不整地面を、体力の消耗を防ぎながら安全に登り下りする歩き方の基本技術や、岩場、ガレ場、雪渓など、さまざまな状況を安全に通過する技術。歩行技術は登山中の転倒・転落・滑落事故を直接防ぐため、最も重要な登山技術の一つである。また、体力消耗を抑制する歩き方ができることは、歩行中の不注意による道迷いを防ぐことにもつながる。

(4)　行動技術

歩行技術以外に、山を歩くために必要な技術すべてが含まれる。ザックへの荷物の収納方法（パッキング）、歩行のペース配分、休憩のとり方、休憩時に行なうさまざまな作業、登山パーティでの行動原則など。なかでも「気象知識」「読図技術」は独立した分野を占めている。行動技術は行程管理を適切に行なう技術であり、長時間の登山行動を維持し遭難発生を防いでいる。

(5)　宿泊・生活技術

山小屋、無人小屋、テントに泊まるときの装備の使用法、生活方法についての知識・技術。なかでも「テント泊登山」は独立した分野を占めている。また、必要最小限の簡易な用具を使って一夜を過ごす「ビバーク技術」も含まれる。ビバークはレスキュー技術の一部ともいえるが、道迷いはじめすべての遭難に対処するために重要な技術である。

(6) セルフレスキュー技術

事故発生や遭難発生時に、登山者自身で対応できるためのさまざまな技術。救急救命法、受傷・発病に対する手当て、受傷・発病者の搬送法、遭難発生時の対応と救助要請の仕方など。

■バリエーションルートの技術＝中級技術

中級以上の登山技術は、次のものがある。

・クライミング技術
・沢登り技術
・雪山登山技術

これらは、初級技術(1)～(6)をベースとして、応用的な登山ジャンルであるクライミング、沢登り、雪山登山などを行なうための技術である。クライミング（岩登り）、沢登り、雪山登山のルートは、無雪期の一般登山ルートに対してバリエーションルートと呼ばれる。クライミングルート、沢登りルートを登るには、クライミングロープと各種登攀用具を使い、雪山ではそれらに加えてピッケル、アイゼンをはじめとした氷雪登攀用具を使用する。

中級以上の登山技術を身につけることによって、無雪期の登山道を登る一般登山（初級）から、岩、沢、ヤブ山、雪山のような、決まった道のないルートをたどるバリエーションルート（中級）へと、活動のフィールドは大きく飛躍することができる。

■初級、中級、ベテランの意味

クライミング、沢登り、雪山登山の技術を身につけた中級者は、本当の意味で「道迷い遭難しにくい登山者」といえる。その理由は、これらのジャンルが、登山道のない地形上にルートを見いだすルートファインディングを基本としているからだ。つまり、クライミング、沢登り、雪山では、登るべきルートがどこかということを、つねに意識しながら（探しながら）登攀するのである。このような意識の状態では道迷いは起こらない。仮にルートを誤ったとしても、それを修正することもまた登攀行動の一部分となっている。

一般登山では、明確な登山道が前提としてあり、それを誤りなくたどることで登山が成立する。このような登山をどれだけの回数くり返したところで、クライミング、沢登り、雪山登山の経験には届かない。両者は本質的に異なっているのである。だから、一般登山やハイキングだけを何年続けても、登山レベルのうえでは「初級者」だということができる。

また、若いころにクライミングや雪山登山を経験した「ベテラン」でも、現在は無雪期の一般登山しか実践していないのなら、登山レベルのうえでやはり「初級者」であろう。

③道迷い遭難を防ぐ用具・装備

道迷い遭難の事例を見ると、ヘッドランプや地図を持たないために道に迷い、身動きできなくなる例が少なくない。また、下山できずに山で一夜を過ごす（ビバーク）とき、充分な装備を持っていないために窮地に陥り、体力を消耗させてしまう例が見られる。安全登山のためには正しい登山装備の知識を持ち、非常用も含めてよい装備を持つことが必要である。

■ナビゲーションの用具

必携装備は地図、コンパスの二つだけである。ナビゲーションの目的とは別に時計、携帯電話も必携装備だが、時計の高度計機能、携帯電話のＧＰＳ機能は、ナビゲーションを補強してくれるツールだ。最近はＧＰＳ受信機を使う人も多くなってきた。

⑴　地図

登山には地図とコンパスが必携である。読図（地図を見てルートを判断すること）ができなければ地図を持っても意味がない、と言う人もいるが、それは極論であろう。地図を見て現在地やルートを確認することは、特別な技術がなくてもできる。コンパスは、地図を正しい方角に向けて持つために必要である。どちらも必ず携行したい。

登山の用途に向いた地図は、登山地図、ハイキング地図などと呼ばれ、登山に便利な各種情報が掲載された出版地図が使いやすい。登山のベテランには、国土地理院が発行する基本図である「地形図」を使用する人も多い。地形図の縮尺は各種あるが、登山には２万５０００分ノ１のものを使う。地形図は地形表現だけの地図で、登山情報などはほとんど記載されていない。地形図を使う場合は、ほかに必要な登山情報を調べて把握する作業が不可欠となる。

登山地図には、それを見ただけで山を歩ける基本情報がほぼ網羅されている。ただし、出版年次によっては情報が古くなり、変化している場合もあるので注意が必要である。

(2)　コンパス

登山では、オリエンテーリング競技用の透明なプレート付きコンパスが広く使われている。プレート付きタイプは正確に方角を合わせるためのものであり、単に方角を見るだけならプレートなしの簡単なものでも支障はない。また、方位を表示できる腕時計や、時計の短針と太陽の位置から方位を判断することもできる。しかし、小さく軽いものなので１個用意しておいたほうがよい。

(3)　その他のツール

最近使用者が多いものに、多機能時計（特に高度計機能）、ＧＰＳ受信機、ＧＰＳ機能付き携帯電話がある。時計は必携装備だが、高度計機能がついていれば大きなアドバンテージになる。地図と高度計を併用すると、現在地を把握する精度が格段に上がるからだ。携帯電話は緊急時の連絡用として、現在はやはり必携装備といえる。

ＧＰＳ受信機（携帯電話のＧＰＳ機能も含む）は、現状ではまだ必携といえるほどではない。ＧＰＳがあれば有利なことは確かだが、基本は地図に基づくルート判断で、ＧＰＳはそれを補助できるツールである。ＧＰＳがあっても、地図・コンパスを省略することはできない。

■ビバークの用具

ライト、レスキューシート、非常食は、どんな登山でも必携。危険度の高い登山と思ったら、ツエルト、緊急用燃料も持っていこう。ツエルトの使い方を学んでおくことと、しっかりした防寒着、レインウェア（防風着）を持つことが、登山の安全を支えるポイントである。

(1)　ヘッドランプ、マグライト

何らかの理由で下山が遅れて暗くなることは、登山ではよく起こることである。山で暗くなり、明かりが何もないと、まったく身動きがとれなくなってしまう。暗くなっても歩き続けるために、または安全な場所に待避して明るくなるのを待つときに、ライトが必要になる。

ヘッドランプは頭部に装着し両手をフリーにできるライトである。マグライトは本来ブランド名だが、小型で軽量な手持ちの懐中電灯で、ゴムバンドで頭部に装着できる製品もある。登山においいてライトは非常に重要な装備なので、ヘッドランプのほかに、予備としてマグライトを緊急用パックに入れている人もいるほどだ。

(2) レスキューシート

アルミ蒸着フィルムの保温シート。緊急時の保温のためにブランケットのように使うことができる。50g程度と軽くて安価なので、緊急用パックに一つ入れておくとよい。

(3) ツエルト

テントの形に作られた軽量な１枚の非常用シート。トレッキングポールや木枝などを使ってテントのように張ったり、細引きで木に結んで吊り下げたり、メンバーが集まったところに頭からかぶったりして使う。シート１枚で外気から遮断し、防寒・防風のシェルターとすることで、緊急時に危険から防御することができる。１～２人用のスタンダードなモデルで２００ｇ台、１人用の最軽量モデルで１００ｇ台の製品がある。グループでスタンダードモデルを１張りか、各個人で最軽量モデルを持つようにしたい。

(4) 緊急用燃料、ライターまたはマッチ

ビバーク時に火を起こして、温かい飲み物を作ったり、流木などがあれば焚き火をすることもできる。以前から登山用の固形燃料（アルコール燃料）が使われてきたが、最近はミリタリーショップや１００円ショップでも、コンパクトな固形燃料が買えるようだ。

(5)　非常食

遭難状態やビバークなどの緊急時に、水なしでもすぐに食べられてカロリーを維持することができる食料。クッキー、フルーツケーキ、チョコレート、ドライフルーツ、エナジーバー、グラノーラなどの高カロリー食品が適している。

(6)　ビバークで重要な一般装備

ビバーク時は防寒着、雨具など手持ちのあらゆるウェアを着て保温に努め、レスキューシートがあればくるまったうえに、ツエルトをかぶる。したがって、防寒着（フリース、ダウンなど）とレインウェアは、しっかりした機能のものを使うようにする。

また、非常食以上に重要なものは水である。水のないビバークは非常に厳しいものとなる。日ごろから水筒は５００cc程度の余裕を見込んだサイズを用意するようにしたい。

■セルフレスキューの用具

ビバーク用具もセルフレスキューの用具に含まれるが、そのほかに、緊急連絡用の携帯電話（または無線機）、けがの応急手当をするための救急パックが必要である。救急パックは救急用具・薬品類のほか、テーピングテープ、小さなライターかマッチ、ハサミ付き小型ナイフ、救急法の小冊子、健康保険証（コピーも可）などをまとめて入れておくとよい。

④登山計画の作り方

■登山計画の必要性

登山をするときには、事前に登山計画をきちんと作るようにしよう。

現在は、特別に計画など立てなくても、体一つで出かけて登山ができる時代でもある。とりあえず山に行ってから、その場の気分によってコースを決めるという人さえいる。しかし、そのようなやり方は山の危険に対応できず、道迷い遭難を呼び込んでいるようなものである。

登山計画をきちんと作ると道迷いを起こしにくくなる。その理由は、計画作成の作業をすることによってコース全体のイメージをもつことができ、コース全体のなかで今どこを歩いているかという「現在位置」の感覚をもつことができるからだ。本来ならば、自分が今どこにいて、どこへ向かおうとしているかを知っているのは基本中の基本である。自分のいる場所も知らずに山を歩けるはずがない。登山計画を作るのは、そのために必要な準備なのだが、現代の登山者のなかには、その過程を省略している人が少なくないのである。

なぜ、登山計画を作らずに登山ができるのだろうか？　一口に言って、山があまりにも便利になりすぎたのだ。道標などの案内表示、休憩所、ベンチなどの施設が完備し、メジャーなルートにはつねに他の登山者がいてコースを教えてもらえる。天候が悪化したときなど簡単に避難できる場所がある。装備が足りなくても山小屋で買えるなど。遭難状態になったとき電話一つで救助してもらえることも、便利さの一つかもしれない。現代の山は「行けば何とかなる」という場所になってしまい、登山というより「自然散歩」や「徒歩旅行」の感覚で山を歩く人が多くなっている。

だが、それは表面だけの気軽さで、どれほど山が危険な場所かは、これまでの遭難事例によって説明してきたとおりである。登山計画をきちんと作り、予定ルート全体の下調べをしておくことで、道迷いの危険が迫ったときに次のような対応が可能になる。

・コース全体のなかで、現在位置が意識できる
・迷いかけたとき、「変だ？」という感覚が持てる
・引き返しのとき、「それほど遠くない」という感覚が持てる
・「長くても30分程度だ」「1時間以内で戻れる」などの距離感が持てる

逆に、コース全体のイメージを持たずに山を歩いていると、迷いかけても危機意識を持てずに、「まだ迷っているわけではない」というような打ち消し行動に陥り、迷ったことに気づくのが遅れやすい。その結果、道迷い遭難の危険性が高くなるのである。

登山計画は、次の手順を踏んで作成する。計画作成に慣れていないと複雑に感じるかもしれないが、慣れればさほど時間もかからず、けっして面倒な作業ではない。

(1) 山域全体を把握する
(2) 目的の山を選び、登山ルートを決める
(3) 1日ごとの行動予定時刻を決める
(4) エスケープルートを決める
(5) メンバー構成を検討する
(6) 装備・食料計画を決める
(7) 以上までで、決めたことを登山計画書にまとめる
(8) ルート中の難所・注意箇所を把握する

■山域全体を把握する

この作業は、初めてそのエリアに行くときに1回だけ行ない、2回目からは省略してよい。

山域全体の構造、つまりエリアを代表する主要峰はどこか、それらを結んだ山域の背骨となる主稜線と代表的な支稜はどこか、アプローチの鉄道や幹線道路はどのような路線があるか、そして、山域全体のなかで目的のルートはどこに位置しているかなどを把握する。

山域全体の知識が多いほど、確かな現地感覚をもつことにつながり、それが登山中に有利な条件となるかもしれない。たとえば目的のルートから外れてしまったときでも、どの方向に行けば脱出

山域全体を見る地図

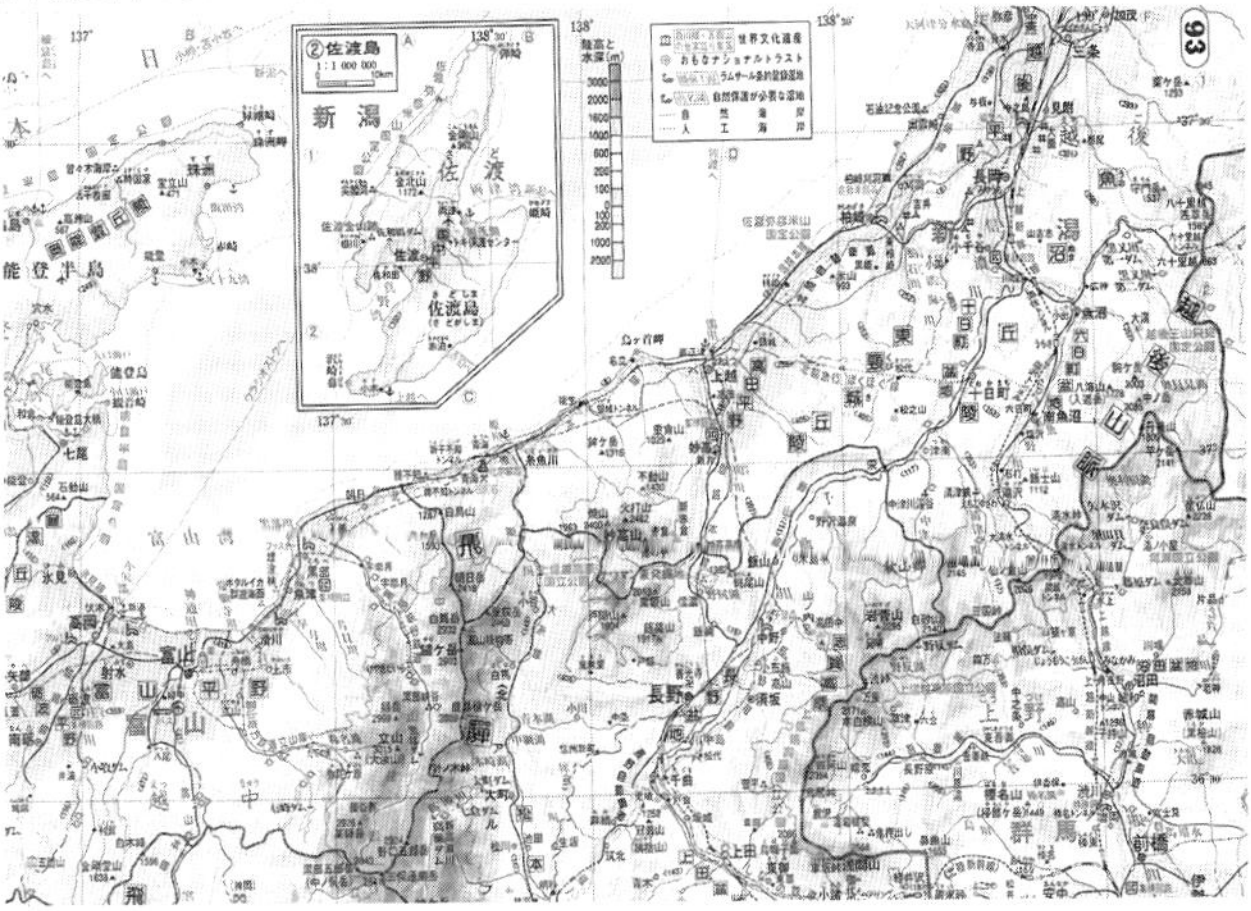

高校地図帳(縮尺 1:1,000,000)－新潟県中部・越後山脈など

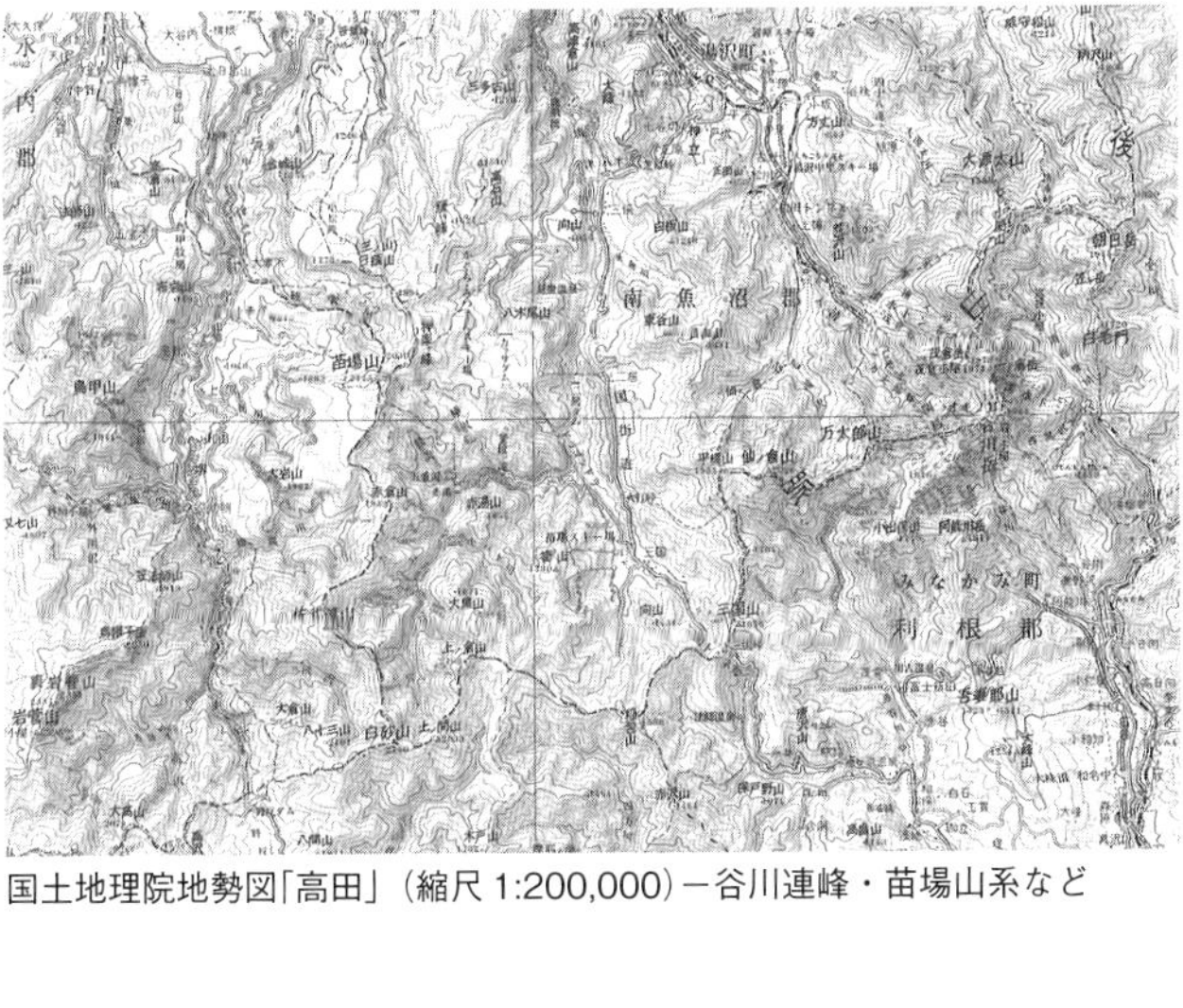

国土地理院地勢図「高田」（縮尺 1:200,000）－谷川連峰・苗場山系など

できるかなど、ある程度の判断が可能になることが考えられる。

山域全体を調べるには、ガイド本などの該当部分を通読するのがよい。また、国土地理院発行の20万分ノ1地勢図、高校地図帳、道路地図などは、山域全体の概念を見るのに便利である。小縮尺の広域地図を参照しながらガイド本を読んでみるとよい。これらの資料は「行きたい山」を探すのにも役立ち、山好きの人には楽しい作業になるはずである。

■登山ルートを決める

ガイド本の地図や登山地図を見ると、一つの山へ登るのに複数のルートがあることがわかる。そのうちで、どのルートを登り、どのルートを下るかを決める。その際に必要な情報は、歩行距離、標高差、所要時間（コースタイムと呼ばれる）、難易度（グレードと呼ばれる）の4つである。

遭難防止のため直接的に重要な情報は「難易度」だが、これは、資料によって書かれていたり、書かれていなかったりする。また、それぞれの筆者が主観的に決めるものなので、そのまま鵜呑みにできない面もあって、判断が難しいところである。ともかく、自分が初級・中級・上級のどこに該当するかを考え、自分のレベルを超えないルートを慎重に選ぶことである。

別表にグレードの一例を挙げたので、参考にしてほしい。この例ではグレードを「体力」「技術」に分けて考え、体力度は1日に歩く所要時間と累積標高差（ルートの登り部分の標高差を合計した

一般登山ルートの難易度例

体力度		技術度	
★	歩行4時間台まで、または標高差700mまで	★	やさしい。特別な技術を必要としない。
★★	歩行6時間台まで、または標高差1000mまで	★★	地図で現在地を確認する必要がある。短い容易な岩場を通過する。
★★★	1日の歩行7～8時間、または標高差が合計1000mを超える	★★★	登山道が不明瞭な箇所があるか、部分的に危険な岩場を通過する。
★★★★	長期縦走で歩行8時間以上の日が2日以上、または歩行10時間以上の日を含む	★★★★	不明瞭箇所が多い。岩場の区間が長く、高度な岩登り技術が必要。

難易度別のルート例

体力度		技術度	
★	高水三山	★	高水三山
	室堂～弥陀ヶ原		室堂から雄山
	上高地散策		上高地～涸沢
★★	川苔山	★★	川苔谷から川苔山
	立山三山縦走		立山三山縦走
	涸沢から奥穂高岳		涸沢から奥穂高岳
★★★	蕎麦粒山	★★★	（奥多摩は該当なし）
	別山尾根から剱岳		別山尾根から剱岳
	上高地から槍ヶ岳		槍・穂高連峰縦走
★★★★	長沢背稜～雲取山	★★★★	（奥多摩は該当なし）
	早月尾根から剱岳		剱岳八ツ峰縦走
	槍ヶ岳北鎌尾根		奥穂・西穂縦走

上段から、奥多摩、剱・立山連峰、槍・穂高連峰の例。なお、奥多摩や奥秩父では、沢登り入門ルートが技術★★★に相当すると考えられる。

もの）を基準に決め、技術度は岩場部分の多さやルートの明瞭さによって決めている。

登山経験をふり返ってみて、余裕をもって楽に歩けたルートがたとえば★だったなら、現在の自分のグレードも★ということになる。その場合、次にめざすルートのグレードも★が無難である。登山経験を重ねて★のルートを数本〜10本ぐらい経験したら、次に★★ルートへも挑戦してみるとよい。このように、グレードを飛び越えないようにしながら、徐々に登山経験を広げてゆく姿勢は、遭難防止のうえで最も重要なことである。

■行動予定時刻を決める

登山ルートが決まったら、ガイド資料の所要時間を見ながら、おもな地点の通過予定時刻を設定してみる。一般的な体力レベルの標準的な登山行動は「50分〜1時間を1ピッチとして歩き、10分休憩する」というものだ。そこで、計算しやすいように、「50分歩き、10分休憩」として時間配分してみる。たとえば合計所要時間が6時間のルートなら、朝7時に出発し、50分歩行×7ピッチ、昼食休憩を40分として、14時30分に行動終了となる。これなら余裕をもって歩ける理想的な時間配分である。1時間ずらして、朝8時発〜15時30分着でも許容範囲だが、朝9時発〜16時30分着だと秋には日暮れが迫り、危険な時間帯に入ってしまう。

山中泊の場合、山小屋やテント場に着く時刻は14〜15時が理想、16時は許容限度と考えよう。16

出発・到着時刻の検討

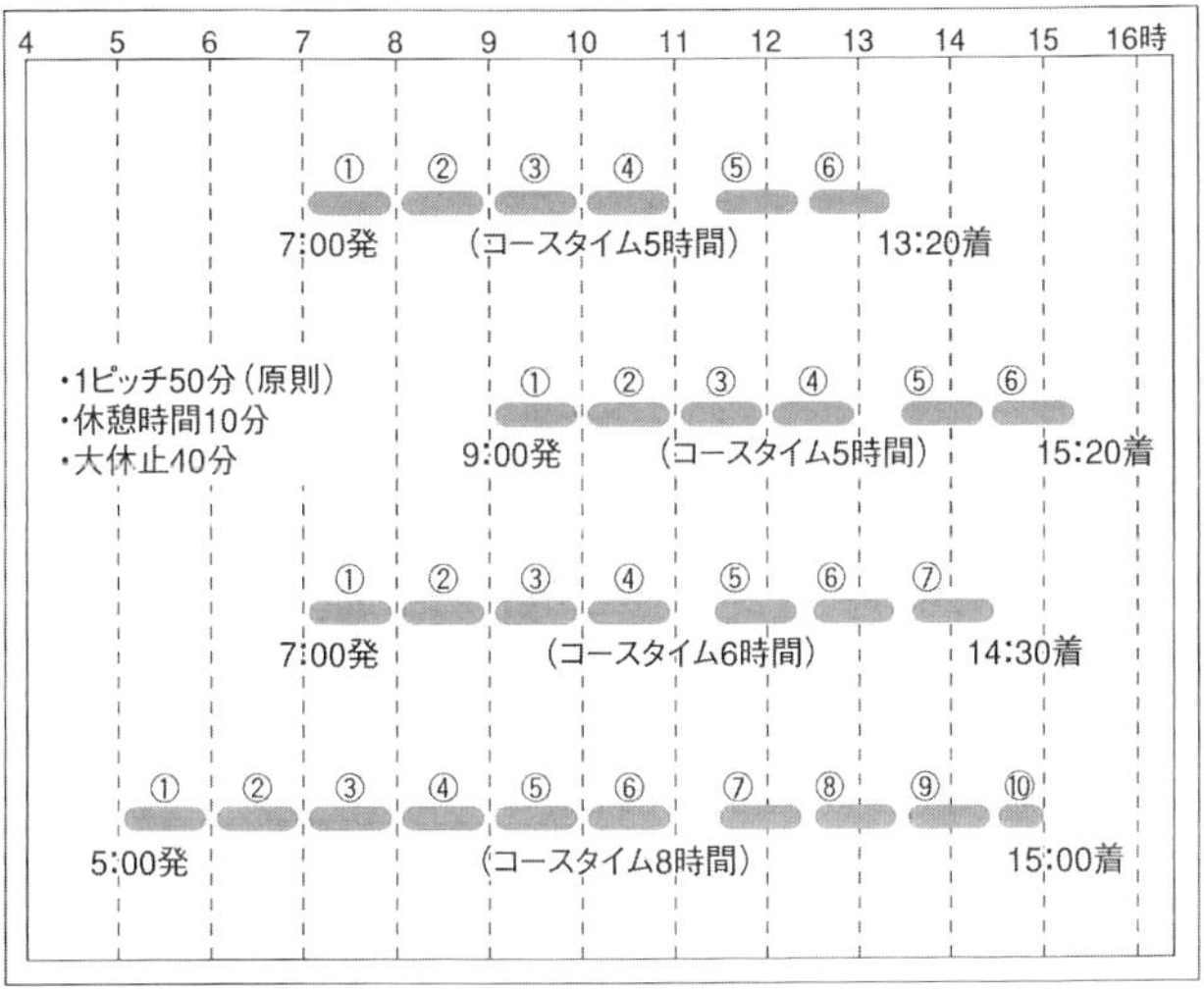

[コースタイムと行程管理例]

1時間を無理なく歩き通せる人なら、50分間歩くごとに10分休憩というパターンで、1日の行程を予想することができる。出発時刻に各ピッチの時間を加えていき、昼食時の大休止として40分間をあてる。単純な足し算をして、宿泊地に何時に到着できるか算出できる。上図のように、午後3時前後を到着目標時刻とした場合、コースタイム(合計歩行時間)5時間のコースなら遅くとも8時30分ごろ出発、6時間行程は7時30分ごろ出発、8時間行程は5時に出発すればよいことがわかる。

時をすぎると日没までの余裕がなくなり、途中で暗くなったり、山道がよく見えずにルートを誤るなどのトラブルが起こりやすい。その日に下山する場合は、15〜16時には樹林帯など安全地帯にいるようにし、17時までには下山完了するようにしたい。

■エスケープルートを決める

悪天候、時間切れ、体調不良などの理由から、以後の行程を中止して下山するルートがエスケープルートである。エスケープルートの条件は、安全であることと、短時間で下れることだが、時間よりも安全性のほうが優先される。また、短時間で下れない場合には、樹林帯などの安全地帯へできるだけ短時間で到達できることを重視して決められる。

エスケープルートを下るようなときは、緊急の判断が求められていることが多い。事前にエスケープルートを設定していれば、緊急時にも迷わずに的確な判断をすることができる。また、適切なエスケープルートを設定していることによって、悪天候や体調不良でもがんばって歩き続けようというような、無理な行動を抑制することができる。

エスケープルートの下山中は雨のことが多い。沢沿いのルートや、沢を横切る箇所のあるルートは、増水に流される遭難例が多くあるので注意が必要である。

山深いエリアの場合、エスケープルートを設定できないこともある。そのときには、悪条件でも前進する、引き返す、ビバークから選択することになる。ルート構成によっては予備日の設定が必要になる。また、日帰り登山では「引き返す」ことがエスケープ行動になる場合が多い。

■メンバー構成を検討する

パーティからはぐれたメンバーが道に迷い、行方不明になる遭難事例はひんぱんに起こっている。パーティ内で初心者・初級者を掌握できていないことが原因と考えられる。

パーティでの行動中は、初心者1人に対して経験者1人以上がサポートするようにしたい。この場合、列の先頭にサブリーダー、2番目に一番弱いと考えられる初心者、以下、経験者と初心者または初級者を交互に置いて、ラストにリーダーという列順が安全である。こうして、先頭は2番目の初心者が離れないペースを維持しながら歩けば、パーティがバラバラになることはなく「はぐれ道迷い遭難」を防ぐことができる。

初心者から目を離さないようにするには、初心者と経験者の人数比は1対1が限度ということになる。少数のベテランが多数の初心者・初級者を引き連れるようなパーティは、安全な登山をするのは難しい。その場合は、初心者が自力で歩けるようなルートに変更するほうがよい。

メンバー構成と列順の考え方

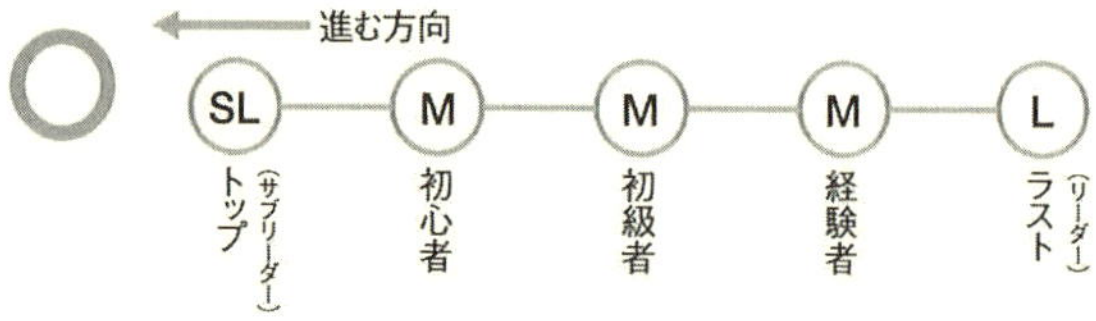

トップとラストをリーダーとサブリーダーが分担する。2番目はもっとも弱いメンバー、そのほかは経験者が初級者を見やすい順番にする

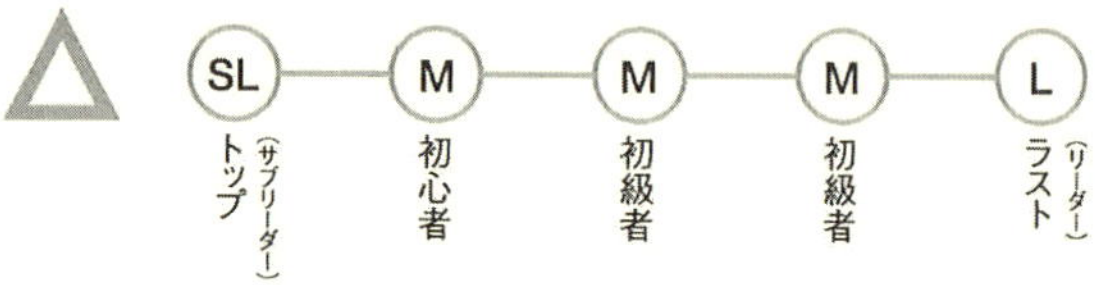

初級者の数が多すぎて要注意のパーティ構成例。とくに3番目の初級者には目が届きにくい。山岳ガイドでない一般登山者は、1人で1人の初級者をみるのが限界だろう

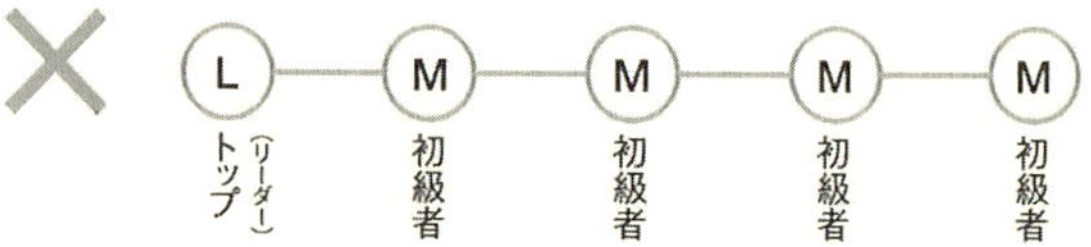

初級者の数が多すぎて危険なパーティ。リーダーは初級者メンバーの状況を把握することは難しい。メンバー各自が自力で歩ける、余裕あるプランにしたほうがよい

■装備・食料計画を決める

装備計画は季節によってほぼ決まっているので、毎回考える必要はなく、一定の装備リストに従って用意すればよい。自分用の装備表を作っておいて、携行するものに○（必携）、△（必要に応じて判断）などの印をする。道迷い遭難防止のために重要な装備は前項にあげたとおりで、ツエルト以外はすべて個人で持つようにする。ツエルトは2～3人当たり1張りでもよいが、メンバー全員がもっているほうがより理想的である。

■登山計画書にまとめる

登山計画書を書くことは義務ではなく、条例などのある一部の県を除いて、提出も登山者の自由意志にゆだねられている。しかし、自分でできる遭難対策として大変有効なものなので、書き方をマスターして提出できるようになりたい。

筆者の場合は、表面に登山計画書、裏面に装備表を印刷したワープロ文書を用意し、それに記入して使っている。目的の山とコースが決まれば1時間以内で書ける。

書式などは自由だが、記載事項はほぼ決まっている。参加メンバーの氏名、生年月日（または年齢）、性別、血液型、住所、電話番号、緊急時連絡先、行動予定（1日ごとの予定コース）、主な装備・食料内容、所属団体名、パーティとしての緊急連絡先などである。個人情報が気になるなら、血液型は省略、住所は市町村名まででもよいだろう。

　提出先は道府県によってちがいがあり、道府県警察本部（地域課など）で受け入れるものと、管轄の警察署単位で受け入れるところがあるので、山域によってどちらか調べてほしい。また、登山口にポストなどが用意されている場合は、そこに投函すればよい。

■難所・注意箇所を把握する

　以上が基本的な登山計画の内容だが、それ以外の重要な事前準備として、予定ルート上の難所や要注意箇所を調べて把握する作業をやっておきたい。

　ルート上の難所や注意事項は、ガイド本などの著者によりさまざまな取り上げ方をされている。細かく危険箇所や注意点を指摘する場合もあれば、ほとんどそのような記載がないガイドもある。利用する側からみれば、細かく指摘してもらったほうがありがたい。ガイド本の本文を注意して読み、または掲載地図の危険マークなどでチェックしよう。

　ルート中の危険要素とは、次のものがある。これらは主に転倒、転落、滑落、落石の注意箇所となっているので、ミスをしないよう慎重に通過する必要がある。
・危険な地形……岩場、ガレ場、崩壊地、急斜面、草付、雪渓

・人間の設置物……鎖場、梯子、固定ロープ、桟道、吊橋

また、これらの地形や設置物が地図に記載されていれば、現在地を確認できる要素にもなる。

道迷いの注意箇所については、通常、ガイド本などに書かれていることはほとんどない。それは、「一般登山道で迷うことはない」ということが、これまでほぼ登山常識になってきたからだ。しかし、実際には一般登山道でも道に迷うことが少なくない。道迷いを防ぐためには、計画作成時から、次のポイントに注意しておきたい。

・ルートの分岐点
・ルートがはっきりと曲がるところ
・大きな尾根が分岐するところ
・ルート上の地形があいまいになるところ
・現在地を確認するため目印になるところ

これらのポイントは、地図に直接書き込むと汚れてしまうので、地図のコピーをとった上にメモしておくのがよいだろう。次の章では、これらの要素を確認しながら、道に迷わないで山を歩く方法について考えていきたい。

わかりにくい里山のトレイル（奈良県明日香村）

第５章

道迷いを防ぐ登山技術《実践編》

①登山地図の特徴

■登山地図とは？

登山地図とは、登山で便利なようにさまざまな編集が施された地図のことで、ハイキング地図と呼ばれることもある。代表的な登山地図としては「山と高原地図」シリーズ（昭文社刊行）があり、全国59のエリア、約１５００の山々をカバーし、最大のシェアを誇っている。以下、本章で「登山地図」という場合、「山と高原地図」シリーズをモデルとして説明していく。

登山地図とつねに比較されるものは、国土地理院発行の２万５０００分ノ１地形図（以下「地形図」）である。登山地図の特徴を考えるには、地形図と比較してみるとわかりやすい。

まず、登山地図の縮尺は5万分ノ1が基本になっている。地形図（２万５０００分ノ１）よりも小縮尺なので、詳細な読図はやりにくい反面、広い範囲をカバーすることができる。1枚に山域エリア全体が収まっているため、携帯性、コンパクトさにすぐれ、登山には大きなメリットとなる。たとえば丹沢山塊なら、どの山へ、どのルートから登るにしても、登山地図「丹沢」を持てば足りるのである。地形図の場合は、このような便利さはない。

登山地図は、国土地理院の地形図データをベースにしており、等高線による地形表現は地形図と

登山地図の例

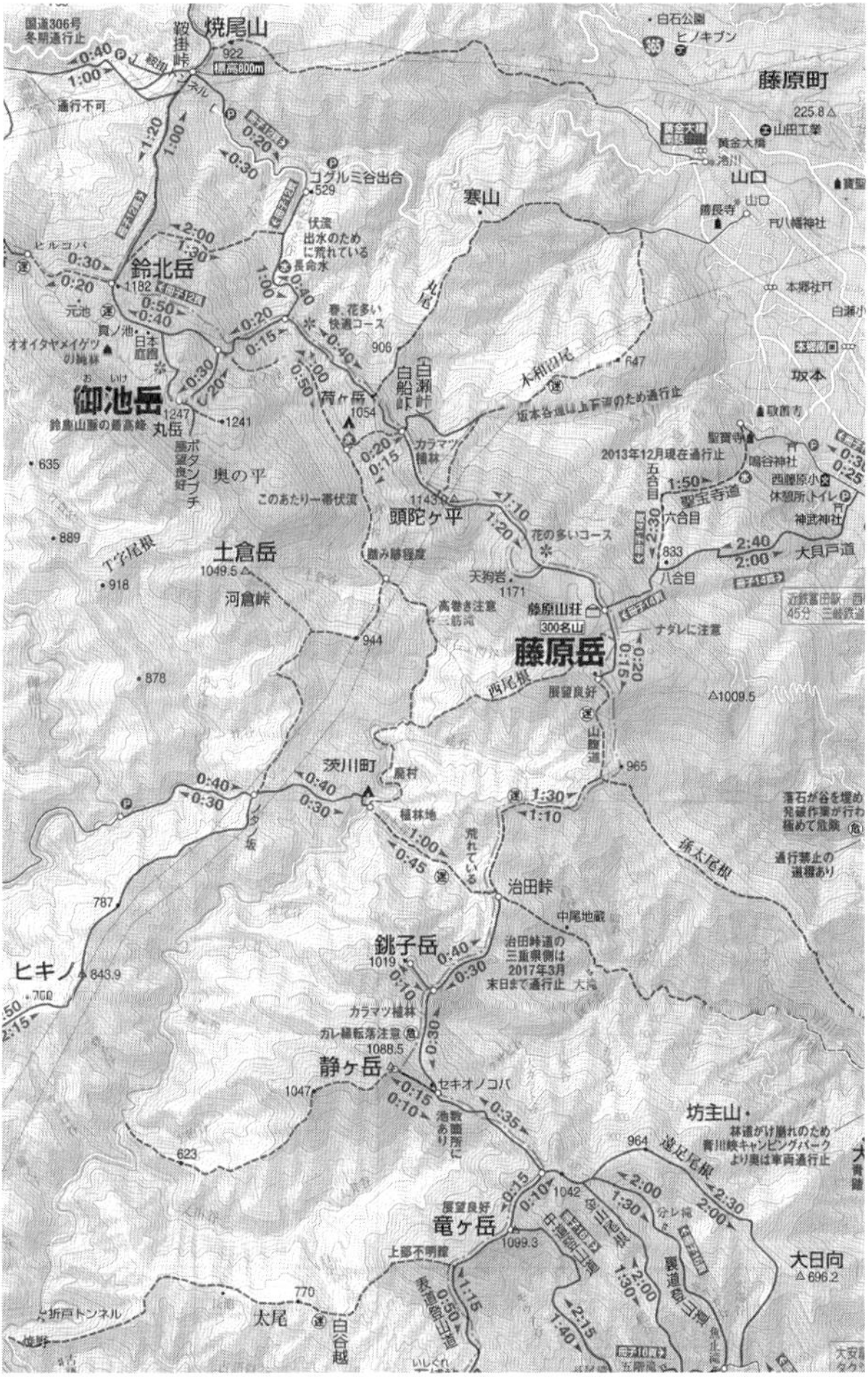

山域に精通する著者が調査した山名、地名、谷名が記載され、登山道の正確な位置、所要時間、危険箇所などの登山情報が豊富に掲載されている（山と高原地図「御在所・霊仙・伊吹」部分）

登山地図と地形図の比較

	登山地図	地形図
シリーズ	山域単位	切図（経緯度で区切る）
大きさ	55 × 79cm（四六半裁）	46 × 58cm（柾判）
カバー率	主要な山岳地をカバー	日本全国をカバー
発行所	民間企業（出版社）	国土地理院
縮尺	5 万分ノ 1 が基本	2 万 5000 分ノ 1
等高線間隔	20m	10m
地形の読図	等高線が見えにくいため、特に尾根線・谷線などの地形や標高を読み取るのは困難	等高線表現が中心のため等高線は見やすく、地形・標高は明確に判別できる
登山道	実地調査を行ない、正確な登山道と位置を掲載している	山道は判明した範囲で掲載しており、不正確な場合もある
登山情報	豊富。情報の新旧に注意すればそのまま登山に使える	非常に少ないので、自分で情報を調べる必要がある
情報の新しさ	最新版なら新しいが、数年以内に古くなる情報も含まれる	古い情報が多いが、地形を読み取るにはほぼ無関係
携帯性	よい。自由に折りたたんで使うことができない点は不便	ルートが境界にまたがると複数枚が必要となる点は不便
地図以外の付属物	拡大図、周辺図、情報入手先データ、ガイド小冊子などが付属	なし
価格	リーズナブルだが、毎年の改訂版を購入するのは厳しい	安価。デジタルデータを印刷して使うと、コストをほぼ無料にできる

同じである。その上にさまざまな登山情報を重ねて記載しているのだが、その情報量は膨大で、かつ最新の情報に更新されている点が、第2の特徴である。登山情報はルートに沿って細かく記載されており、順番にたどっていくだけで必要な情報が見られるようになっている。

このように登山地図は非常に便利なものだが、欠点もある。最大の問題点は、等高線が見えづらいということだ。登山地図は登山情報の記載を目立たせるために、ベースの等高線は弱い色で描かれているうえ、多くの記載事項の背後になるため見えにくい。縮尺が5万分ノ1ということもあって、等高線から尾根や谷の地形を読図するのは困難になっている（場所によってできなくはないが）。同じ理由で、等高線から標高を読み取ることもけっこう難しい。

そして、情報が詳細であることの反作用として、1～2年を過ぎると「最新」ではない情報が多くなってしまう。毎年、改訂版を購入しつづけるのも経済的に苦しいところだ。

■登山地図の構成

登山地図はメインの地図以外にも、いくつかのパーツが含まれている。

まず、メインの地図は縦55㎝×横79㎝、四六判半裁と呼ばれるサイズ（５４５×７８８㎜）に近い。表面は5万分ノ1のメイン地図、裏面はいくつかの部分に分かれて、主要エリアの拡大図（縮尺２万５０００分ノ１）、周辺図（20万分ノ1、30万分ノ1など）の地図が収められている。拡大図は主要エリアについて詳細な読図ができるし、周辺図は山域全体の概要を見るのによい。

さらに、余白の部分には宿泊施設、キャンプ場、入浴施設、交通機関、観光情報問合せ先の一覧表があり、定位置に登山装備表が掲載されている。また、付録の小冊子では、山域エリアの概要と特色、おもな山とルートの簡単なガイド文を読むことができる。

このように、前章で説明した登山計画を作る際に必要な要素が、登山地図は地図1枚と小冊子に網羅されており、大変よく練り上げられた構成内容となっている。

■地図表記の特徴

登山地図に加えられている情報内容は、次のようなものがある。

［段彩・陰影］　等高線には一定の標高ごとに緑系から茶系へと段彩が施され、陰影もつけられている。等高線が見にくいぶん、段彩と陰影によって地形をある程度直感できる。また、標高が読みにくい点も段彩によって補われ、さらに主要な登山口には標高数値が記載されている。

［山名・地名］　地形図は地名、山名などの表記が少なく限られているが、登山地図は詳細な地名、山名、谷名を調査して記載し、難読地名にはふりがなをつけている。

［登山ルート］　登山ルートは重要なので、調査して正確な位置を記載している。登山ルートは2種類あり、赤の実線は一般登山ルート、赤の破線はそれ以外のルートである。破線ルートは、難路

で一般的でない場合と、資料が少なく調査不充分なのですすめられないという場合がある。

［登山ルート以外の道］　登山道以外の山道は、グレーの細い破線で描かれている。いろいろな理由から、登山者は入らないほうがよい道である。

［所要時間］　すべての登山ルートには、赤丸で区切った区間ごとに、赤の太字で所要時間（コースタイム）が記載されている。往路・復路の所要時間の差をみることによって、その区間での標高差や斜度が推測できる。赤線の登山コースとコースタイムは見やすく表現されており、この部分に注目することにより、山域全体の概念図（コース図）として見ることができる。

［施設記号］　多種類の記号や文字によって人工施設が記載されている。山小屋、キャンプ場、休憩所、展望所、水場、道標、売店、トイレ、神社、寺、電波塔、駐車場、浴場など。

［難所・注意箇所］　危険箇所には「危」、迷いやすい箇所には「迷」の記号が書かれている。「クサリ」「ハシゴ」「ロープ」「急坂」などは赤字で書かれている。また「ヤセ尾根注意」「下降時右の尾根に入らぬこと」のように、詳細な注意情報が赤字で書かれている。

［注目点］　展望地、お花畑、林相の美しい場所は記号で示され、「ブナ林が美しい」「新緑・紅葉美しい」「西側の展望よい」などの情報や、花の開花期などが赤字で書かれている。

［交通情報］　バス路線は赤リーダー、バス停は赤点で、バス運行情報は登山口に四角枠で書かれている。駐車場、林道ゲートは記号で、通行止め情報は赤字で書かれている。

②登山地図の使い方

■登山計画の作成

くり返しになるが、登山地図は登山に必要なほとんどの情報が網羅されているため、登山計画の作成が簡単にできる。具体的な作業の流れを追ってみよう。

丹沢山塊の檜洞丸を例に説明する。「山と高原地図」シリーズの「丹沢」を見ると、真ん中へんに檜洞丸がある。前章で説明したように、西丹沢へ初めて行く人は、ガイド本などで丹沢山塊の概要部分を通読し、ひととおり理解しておいてほしい。そうすると檜洞丸は西丹沢の主要峰の一つで、西面の中川川沿いにあるバス路線に登山口があることがわかる。

登山地図の赤線のルートを見ると、西面から檜洞丸へ登るルートは次の4本である。所要時間や標高差は、地図に記載された情報から簡単に算出することができる。東面や北面から登るルートもあるが、長く1泊以上になるのでここでは省略する。

①犬越路コース　登り4時間35分　下り3時間25分　標高差１０６０ｍ
②ツツジ新道　登り3時間20分　下り2時間10分　標高差１０６０ｍ
③石棚コース　登り4時間15分　下り2時間50分　標高差１０８０ｍ

西丹沢・檜洞丸周辺の登山地図

登山地図は登山ルートが見やすいため、どんなコースがあるかが把握しやすい。上の地図から、檜洞丸へ1日行程で登るルートは4本ある(北から)。

①犬越路コース：用木沢出合—犬越路—檜洞丸

②ツツジ新道：西丹沢自然教室—ゴーラ沢出合—檜洞丸

③石棚コース：箒沢公園橋—石棚山—檜洞丸

④穴ノ平コース：穴ノ平橋—石棚山—檜洞丸

(山と高原地図「丹沢」部分)

④穴ノ平コース　登り3時間35分　下り2時間35分　標高差1000m

最短のルートは②で、所要時間の長さから、②→③→①の順に難しいものと予想できる。④は登山口～石棚山間が難路となっている要注意ルートで、マイカー利用に限られる。ここから登りと下りのルートをそれぞれ決め、所要時間順に並べると次のようになる。A・Bが最も容易で初級の上レベルぐらい、D・E・Fはやや長く中級、Cは一部難路を含むため中級である。

A	ツツジ新道から往復	5時間30分	日程例：9時発→　16時下山
B	ツツジ新道～石棚コース	6時間10分	日程例：9時発→　16時40分下山
C	穴ノ平から往復	6時間10分	日程例：9時発→　16時40分下山
D	石棚コース～ツツジ新道	6時間25分	日程例：9時発→　16時55分下山
E	ツツジ新道～犬越路コース	6時間45分	日程例：9時発→△17時15分下山
F	石棚コースから往復	7時間5分	日程例：9時発→△17時35分下山

西丹沢行きの始発バスに乗車すると、登山口着8時40分ごろ、出発は9時ごろとなる。P143の図の原則に従って所要時間を加算していくと、下山時刻は16～17時台になる。下山が17時以後になる△印は危険なので、タクシーを利用して出発を早めるなど工夫したいところだ。その他のコースも遅めなので、日暮れの早い秋には、特に注意が必要である。

次に、ルート上の注意点を見ておく。

①犬越路コース　注意点＝用木沢（落石、増水）、小笄（クサリ、ヤセ尾根）
②ツツジ新道　注意点＝登山口［危］、ゴーラ沢出合［迷］（増水時徒渉、クサリ、急な階段）、尾根上部1300m付近（クサリ、急坂）
③石棚コース　注意点＝板小屋沢ノ頭（クサリ、急坂）
④穴ノ平コース　注意点＝石棚山南尾根（急坂）

これらの注意点は転倒、転落、滑落の注意箇所を指摘することが多く、道迷いの危険箇所はあまり指摘されていない。このような傾向は、道迷い遭難多発の一要因とも考えることができる。第3章で紹介したように、檜洞丸の石棚コースは道迷い遭難が多発している場所である。

以上のような作業は、登山地図だけを使って1時間程度でできてしまう。檜洞丸に初めて登るのならAかBが順当なところ、2回目以降の人や、体力に自信のある人ならDかEに挑戦してみるのもいいだろう。マイカー利用で静かなコースを歩きたいならCの選択肢もあるが慎重に。

登山情報を調べるためにインターネットを活用している人は多い。インターネットの情報は手早く入手できるが、発信者の主観に基づいたものが多い点は要注意である。そのルートがやさしいか難しいか、どんな危険があるかなどの評価部分がわかりにくい。登山地図やガイド本の情報とのちがいに注意しながら、信用しすぎずに利用することが大切である。

■予備読図

計画時の読図のことを、ここでは便宜上「予備読図」と仮称する。目的の山とルートが決まったら、登山地図をひととおり見て、ルート上の特徴的な地形や目標物、注意点をチェックして、シミュレーションする作業をやっておきたい。

実際の登山のときには、地図を見ながら登山ルートを歩いていくが、その際にシミュレーションしたのと同じ読図作業を行なうことになる。読図しておいた内容が頭に残っていれば、現地で地図を見る時間が少なくてすむので時間短縮にもつながる。

チェックする内容は、だれにでも簡単に見分けられることを重視したい。檜洞丸の石棚ルートを例に見ていこう。石棚ルートを5ピッチに分けて、何が読み取れるか、何をルート上の目標にできるかを考えていく。以下の太字はランドマーク（目標物）になるものを示している。

(1)　１Ｐ目　箒沢公園橋～尾根取付

箒沢公園橋のバス停から車道を少し戻り、中川川本流を渡って山道に入る。道が曲がって**板小屋沢を渡り**、キャンプ場のある左岸（下流に向かって左側）を上流に進み、約２５０ｍで「**ハシゴで堰堤を越える**」。ここで沢を渡り、右岸（下流に向かって右側）を上流に進み、約５００ｍで板小屋沢ノ頭へ登る**尾根取付**に着く。所要時間は20～25分と予想できる。

檜洞丸石棚コースの予備読図

以下の要素のうち、標高差は登山地図では読み取りにくいため、地図ソフト「カシミール3D」を使った。そのほかの要素は、特別な知識や技術がなくても、かんたんに読み取ることができるものをあげている。予備読図の要素は、どこかにメモとして書いておき、登山中に見られるようにしておきたい。

1P. 沢沿い　約 0.9km ／＋ 135m ／ 0:20?(? は推定)
箒沢公園橋
　→板小屋沢を渡る
　→ハシゴで堰堤を越える
　→尾根取付

2P. 尾根沿い　約 0.8km ／＋ 475m ／ 1:20?(? は推定)
尾根取付
　→クサリ、急坂
　→尾根の中心
　→板小屋沢ノ頭

(2)　２Ｐ目　尾根取付～板小屋沢ノ頭

右岸の斜面を左上に約20ｍ登り（「**クサリ、急坂**」）、**尾根の中心**に乗ったら尾根伝いに急登する。左右に延びる稜線に出たところが**板小屋沢ノ頭**。所要時間は1時間15分～20分と予想。

(3)　３Ｐ目　板小屋沢ノ頭～石棚山

板小屋沢ノ頭で明確に**右折**し、**顕著な稜線**を進む。いくつかのピークとコルを通過するが、**Ｐ１２００**で大杉尾根の支稜が分岐して左折、**ヤブ沢ノ頭**で右カーブ、次のピークで**県民ノ森分岐**となりルートは左折する。さらに約２００ｍで三角点のある**石棚山**に着く。

(4)　４Ｐ目　石棚山～同角分岐

広い稜線を緩やかに登り、約２５０ｍ進んだ石棚沢源頭で稜線が**右折～左折**し、周辺はブナ林が多くなる。高差１００ｍほど登った**テシロの頭**は右から巻くもよう（等高線がよく見えない）。約２５０ｍで**同角分岐**、ルートが右から合流する。

(5)　５Ｐ目　同角分岐～檜洞丸

最後の約１６０ｍの登り。15分ほどで**ツツジ新道分岐**（花記号あり）、20分ほどで山小屋のある**檜洞丸**に着く（花記号あり）。この周辺は「ブナ林、木道あり」の注記がある。

以上の予備読図は、別掲のようなメモとして書いておくか、地図のコピーにマーカーで印をする、２万５０００分ノ１地形図に書き込むなどして、登山中に見られるようにしておくとよい。

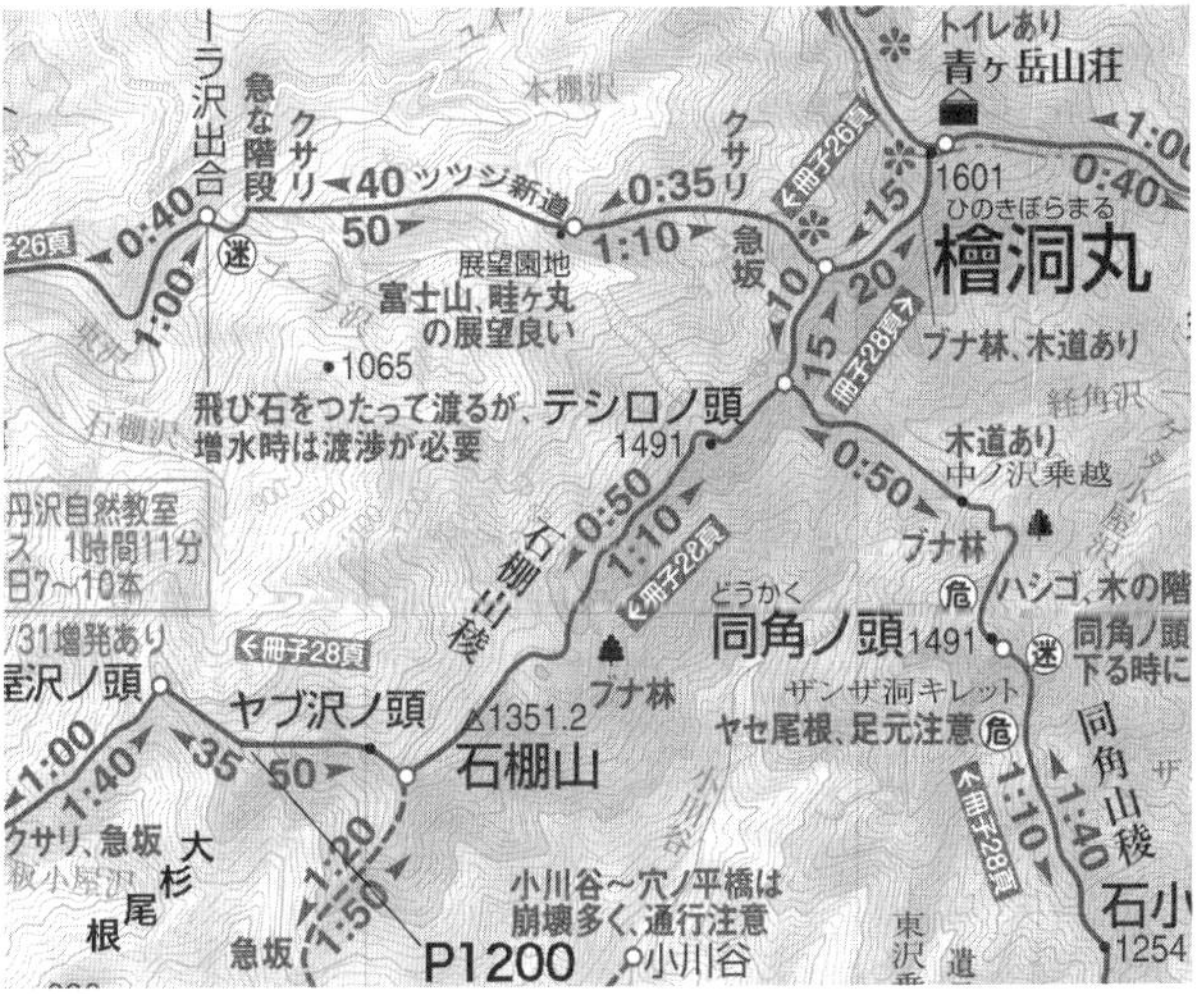

3P. 尾根・稜線　約 0.8km ／＋ 220m ／ 1:00
板小屋沢ノ頭
→右折、顕著な稜線
→ P1200（大杉尾根分岐）
→ヤブ沢ノ頭
→県民ノ森分岐
→石棚山

4P. 尾根・稜線　約 1.6km ／＋ 90m ／ 1:00
石棚山
→広い稜線、緩やかな登り
→右折～左折（石棚沢源頭）
→テシロの頭
→同角分岐

5P. 尾根・稜線　約 0.8km ／＋ 160m ／ 0:35
同角分岐
→ツツジ新道分岐
→檜洞丸

■登山中に登山地図を使う

登山地図を使って登山計画を作り、予備読図までやってきた。このような準備をしておけば、無雪期の一般ルートなら、道迷い遭難が起こる危険性はかなり低くできるだろう。登山中には予備読図でやったことを再度行ない、現在地確認の状態を維持していくだけでよい。

(1) 登山口での作業

登山口に立ったら、次のことを確認するとよい。

・地図上で現在地確認
・高度計付き時計を使っている場合、高度を合わせる
・最初に歩くルートの登山口、道標などを確認
・周囲に見える山が何か、目的の山が見えるかを確認
・可能ならば、目的の山へのルート（沢、尾根、稜線の地形）をたどってみる

現在地・登山口の確認と高度合わせは必ず行なう。周囲の山名や、目的の山へのルート調べは、時間的に可能なら行なう。バス車中などでも地図確認の作業はできる。

(2) 最初のピッチを歩き出す前に

つづいて第1ピッチの予測を行なう。次の予測内容は予備読図でやったことと同じで、ランドマ

ーク（目標物、目標となる地形）は何か、そこまでの概要を地図上で把握する作業である。予備読図をやっていれば、再確認だけで終えることができる。

[例] 1P　沢沿い　約0・9㎞／＋135m／20分？

箒沢公園橋　→　**板小屋沢を渡る**

→　**ハシゴで堰堤を越える**

→　**尾根取付**……最終目標物

歩き始めたら、太字のランドマーク（目標物）に注意しながら進む。途中の目標物に出会えなくても、次の目標物が現われればルートは誤っていないと判断する。注意を向けられる対象数は30分間に3〜4個、1時間に6〜7個ぐらいだろう。あまり詳細に目標物を設定すると、ナビゲーションが主目的のようになってしまい、山歩きそのものを楽しめないかもしれない。

このピッチの最終目標物である「尾根取付」を確認できたら、そこで休憩するとよい。

(3)　休憩中の読図作業

休憩中は次のピッチの予測作業を行なう。

[例] 2P　尾根沿い　約0・8㎞／＋475m／1時間20分？

尾根取付　→　**クサリ、急坂**

→　**尾根の中心**

↓
板小屋沢ノ頭………最終目標物

これも予備読図の第2ピッチと同じである。歩き始めたら、太字のランドマーク（目標物）に注意しながら進む。高差約20m登って尾根の中心に乗り、ルートが右折してからは、急な尾根の単調な登りが1時間以上つづくと予想される。長いので、途中で小休止を入れてもよいだろう。

(4)「予測―目標物設定―現在地確認」をくり返す

以下、休憩中には次のピッチのルートを予測し、太字のランドマーク（目標物）を設定、30分〜1時間後の休憩タイミングのあたりに最終目標物を設定する。そして、歩行中はそのランドマークに注意を払い、確認しながら進む。

ランドマークとなる事物や地形に出会えれば、その時点で「現在地確認」が成立したことになる。そして、現在地確認が維持できている間、ルートを誤りなく歩けていることになる。

以下、３〜５Ｐの例も予備読図で行なったのと同じ内容である。

[例]　３Ｐ　尾根・稜線　約０・８km／＋２２０m／１時間

板小屋沢ノ頭
↓
顕著な稜線、右折
↓
Ｐ１２００（大杉尾根分岐）
↓
ヤブ沢ノ頭
↓
県民の森分岐

↓　**石棚山**……………最終目標物

［例］　4P　尾根・稜線　約1・6km／＋90m／1時間

石棚山

↓　**広い稜線、緩やかな登り**

↓　**右折～左折（石棚沢源頭）**

↓　**テシロの頭**

↓　**同角分岐**……………最終目標物

［例］　5P　尾根・稜線　約0・8km／＋160m／35分

同角分岐

↓　**ツツジ新道分岐**

↓　**檜洞丸**……………最終目標物

石棚ルートを例にあげたが、ここまでは片道行程である。別ルートを下る場合は、そのルートについてもできるだけ予備読図を行なったほうがよい。そして、実際の登山中には「予測―目標物設定―現在地確認」の手順を守りながら歩くのである。

＊

以上、見てきたように登山地図は、①登山計画の作成、②登山中のナビゲーション、の二つの目的に使える優れたツールである。明確な登山道がある一般ルートの場合は、登山地図をしっかりと活用することによって、道迷い遭難を防ぐことができるはずである。

③2万5000分ノ1地形図の特徴

■「地形図」とは？

地形図は、土地の様子を表わした地図である。一定区画の土地について、自然地形（地面の形）をはじめ、山、水系、道路、集落、建造物、交通通信体系のような自然・人文のあらゆる様子を、1枚の紙に組織的な方法で書き表したもの、ということができる。

少し難しい言い方をしたが、つまり、地形図とは国土地理院発行の地形図だけをさすのではない。「山と高原地図」シリーズの登山地図も、分類すれば地形図の一種といえる。そして、すべての地形図は、もっと広い概念である「地図」の一部分に含まれている。

明治時代以来、国土全体をおおう地形図を作ることとは、国家的事業とされてきた。ごぞんじのように、現在は日本全土について「2万5000分ノ1地形図」が実測に基づいて作成されており、だれでも簡単に入手することができる。さらに、近年はデジタルデータの形で購入することや、インターネットを通じて無料で参照し、ダウンロードできるようにもなっている。

地形図といえば、国土地理院発行の地形図があまりにも代表的である。2万5000分ノ1地形図の前は、5万分ノ1地形図が日本全土をおおう基本図になっていて、1970年代から2万50

００分ノ１地形図が少しずつ出始めた。いくつかの出版社から登山地図も出されていたが、私製の登山地図はいろいろな点で信頼できるレベルではなかった。そのため、当時の正しい登山者は５万分の１地形図を持ち、自分で必要な工夫を加えながら使いこなしていたのである。

そのような伝統が今でも継承されているのか、現在は２万５０００分ノ１地形図が何か特別な地形図のように思われている面があるが、それは少々ちがう。現在は市販の登山地図も正確に作られており、充分に登山目的に対応できることは、これまでに説明してきたとおりである。

■地形図のよい点・悪い点

ここでは、２万５０００分ノ１地形図を登山に使うことを考えていこう。以下では、２万５０００分ノ１地形図を、便宜上「地形図」と書くことにする。

地形図の特徴は、次の点にある（Ｐ154の表も参照）。

〈よい点〉

・大縮尺（２万５０００分ノ１）なので、細かな地形まで読み取れる
・等高線の形が正確に描かれ、鮮明に見えるので詳細な読図ができる
・新旧にかかわる情報が少ないため、数年程度たっても使うことができる
・低価格なので何点購入してもあまり負担にならない

〈悪い点〉

- 登山目的のための地図ではないので、登山に便利な仕様になっていない
- 登山情報がほとんどない。等高線（自然地形）以外の情報は少ないか古い
- 山道（徒歩道）の記載が少ないか不正確な場合がある
- 林道、市街地などは情報が古く、変化している可能性がある
- 山名、地名、谷名などの表記が少ない
- 何日間にもわたる長いルートの場合、複数枚の図面が必要になる
- 山域に関係なく分かれているので、管理の工夫が必要になる

このように、地形図は等高線が正確に書かれている以外には、よいところがあまりない地図のようである。それなのに多くの登山者が愛用しているのはなぜだろうか？　それは、地形図の等高線（自然地形）を解読するという「読図＝地図読み」のおもしろさにハマる人が多いからだ。

登山地図にはルートが赤線で明確に描かれ、基本的にその赤線から外れないように歩くのが、迷わないことの意味だった。ところが地形図には赤線がなく、山道を示す破線記号（徒歩道）は、かならずしも正確に描かれていないことがある。そこで、地形図を使ったナビゲーションは、等高線の形と地図記号をたよりに地形を読み取って、現在地を判断しながら進むことになる。それは登山地図を使うよりも一段難しい、中級レベルの技術ということができる。

■地形図の記号

地形図は専門的な取り決め（＝図式）に従って正確に表現されていて、その取り決めは、地形図の左側余白に「平成25年2万５０００分ノ１地形図図式」のように記載されている。また、具体的な地図記号の一覧が下部余白に記載されている。地形図を利用するには、図式や地図記号についてひととおり基本的な知識を持っていたほうがよい。いくつかの記号について説明しよう。

(1) 基準点

基準点は地図を作るもとになる位置と高さを測った地点のことで、三角点（位置と高さ）、水準点（高さのみ）、験潮場（海面の位置を観測）、重力点（重力の方向を観測）、磁気点（地磁気の方向を観測）、標高点（地形測量を行ない位置・高さを測定）などがある。これらのうち地形図に表示される基準点は、三角点、水準点、標高点が代表的なものである。

地形図のなかで、基準点記号の位置は最も正確に記されている。三角点の位置は標石が設置された位置を示すため、山頂の位置とは異なることがしばしばある。三角点・水準点の標高は小数第１位で表記される。標高点のうち、現地測量によるもの（特別標高点）の標高は小数第1位、写真測量によるもの（標高点）は整数位で表記される。

(2) 川・湖沼・海

川や湖沼は、水涯線（地面と水面の境界線）を青色、水面を薄青色で表示する。

河川は流水の幅によって2条河川と1条河川に区分される。2条河川は2本の水涯線によって水面の範囲を表示するが、幅が狭いため2条の表示が難しい場合は、1条河川（河川の中心線に1本の青線）で表示することができる。2条河川の水涯線は太さ0・1㎜の青線で描かれるため、図上で幅0・2㎜〈実寸5m〉未満は重なってしまい2条にならない。したがって、幅5m未満の河川は原則として1条河川で表わされているはずである。

河川は「常時流水があるもの」について表示することになっており、沢の源流部などで「常時流水がある」とはいえない箇所は、水線が描かれていないことが多い。

また、海岸線は平均水面の位置ではなく、満潮時の陸地と海面の境を表示する。このため、海岸線の標高は0mにはならず、日本各地で少しずつ異なることになる。

(3) 車道

幅19・5m〈図上0・78㎜〉以上または4車線以上の道路（真幅道路）は、図上幅0・1㎜単位で縮尺化して表示する。幅19・5m未満の道路（記号道路）は記号化して表示し、13～19・5m（歩道のある2車線）、5・5～13m（歩道のない2車線）、3～5・5m（1車線）、3m未満（軽車道）に分かれている。これとは別に、高速道路（緑）、国道（ピンク）、都道府県道（黄）、有料

地図記号の例（平成25年1:25,000地形図図式）

(1)基準点の記号

- 25.7 三角点
- 90.6 電子基準点
- 29.8 水準点
- ·313 標高点
- 52 水面標高

(5)植生の記号

- 田（青）
- 竹林
- 広葉樹林
- 畑
- 笹地
- 針葉樹林
- 茶畑
- 荒地
- ハイマツ地
- 果樹園
- ヤシ科樹林

(3)車道・(4)徒歩道の記号

- 4車線以上の道路
- 2車線幅員13m以上
- 2車線幅員13m未満
- 1車線の道路
- 幅員3.0m未満の道路
- 徒歩道
- 庭園路
- 石段
- 橋・高架
- トンネル
- 雪覆い等

(6)地形の記号

- 雨裂（薄茶）
- 土崖（薄茶）
- 岩崖（薄茶）
- 岩（薄茶）

(8)その他の記号[構築物など]

- 電波塔
- せき
- 高塔
- 滝
- 風車
- 温泉
- 神社
- 採鉱地
- 寺院
- ダム
- 城跡
- 発電所等
- 噴火口・噴気口

(8)その他の記号[鉄道など]

単線　駅　複線以上　トンネル　建設中

- JR線
- JR線以外
- 地下の鉄道
- 特殊鉄道
- 路面の鉄道
- リフト等
- 送電線
- 空間の水路（青）

道路（点）が色刷りや記号で示される。

(4)　徒歩道

道路のうち、幅1m未満または徒歩道は、幅0・2㎜の破線で描かれる。徒歩道が国道や都道府県道の場合は、背景幅0・4㎜の部分が色刷りされる。徒歩道も含めて、記号化して表示する道路（記号道路）は、「道路中心線が取得されている道路を表示する」と決められている。つまり、地形図には実測によるデータが取得できた道路しか書かれていないわけである。

(5)　植生記号

植生は、耕地または未耕地に区分されている。

耕地の植生記号は、田、畑、茶畑、果樹園の種類がある。田は青、その他は濃いグレーで、図上縦2・5㎜間隔、横5㎜間隔の配列で描かれる。平成14年図式まであった「桑畑」「樹木畑」は平成25年図式ではなくなり、地図記号は簡略化されていく傾向にある。

未耕地の植生記号は、広葉樹林、針葉樹林、竹林、ヤシ科樹林、ハイマツ地、笹地、荒地の種類がある。平成25年図式では濃いグレーで描かれ、「図上10㎜×10㎜に1～2個の密度で表示する。ただし、山頂、尾根及び谷底には努めて表示しない」と決められている。

(6)　地形記号（陸系）

凹地、崖（土崖、雨裂、岩崖）、岩、砂れき地がある。等高線と同色（薄茶色）で表示する。

地形記号の表示原則

<table>
<tr><th></th><th>大規模なもの</th><th>小規模なもの</th></tr>
<tr><td>凹地</td><td>等高線を表示し、内側に短線を描く（図上3mm〈75m〉以上）</td><td>最低部の方向に矢印を表示する（図上3mm〈75m〉未満）</td></tr>
<tr><td rowspan="2">土崖</td><td colspan="2">高さ5m以上、長さ図上2cm〈500m〉以上のものを表示し、それより小規模のものは必要に応じて表示する</td></tr>
<tr><td>幅は正射影で表示する（図上0.5mm〈12.5m〉以上）</td><td>幅は0.5mmで表示する（図上0.5mm〈12.5m〉未満）</td></tr>
<tr><td>雨裂</td><td colspan="2">長さ図上1mm〈25m〉以上のものを表示する
※雨裂＝雨水の流れによって地表面にできた谷状の地形</td></tr>
<tr><td rowspan="2">岩崖</td><td colspan="2">原則として高さ5m以上、長さ図上2cm〈500m〉以上のものに適用し、それより小規模のものは必要に応じて表示する。傾斜を示す短線は、最大傾斜方向に表示する</td></tr>
<tr><td>急斜面の正射影を記号の形状として表示する（射影の幅が図上1.0mm〈25m〉以上）</td><td>急斜面の正射影の幅を1mmとして表示する（射影の幅が図上1.0mm〈25m〉未満）</td></tr>
<tr><td rowspan="2">岩</td><td colspan="2">大きさが図上0.3×0.3mm〈7.5×7.5m〉以上のものを表示する。斜面上の記号は高い側の線を一部省略して表示する</td></tr>
<tr><td>岩（大）記号として表示する（図上1.5×1.5mm〈37.5×37.5m〉以上）</td><td>岩（小）記号として表示する（図上1.5×1.5mm〈37.5×37.5m〉未満）</td></tr>
<tr><td>砂れき地</td><td colspan="2">大きさが図上5×5mm〈125×125m〉相当以上のものを表示する（径0.15mmの薄茶点）</td></tr>
<tr><td rowspan="2">滝</td><td colspan="2">高さが原則として5m以上で、常時流水があるものを表示する</td></tr>
<tr><td>落口を実線で、正射影の形を1列以上の点列で表示する（幅が図上0.8mm〈20m〉以上）</td><td>滝記号で表わす（幅が図上0.8mm〈20m〉未満）</td></tr>
<tr><td>湿地</td><td colspan="2">広さが図上3×3mm〈75×75m〉以上または2×5mm〈50×125m〉以上のものを表示する（長さ1.5～3.0mmの青破線）</td></tr>
<tr><td>万年雪</td><td colspan="2">平年の気象条件下で残雪または氷塊として積雪が越年する地域について、広さが9月期の状態で図上2×2mm〈50×50m〉以上のものを表示する（径0.15mmの青点）</td></tr>
</table>

（注）大きさなどの数字は概数で「おおむね」の数。〈　〉は図上サイズに対応する実寸（平成25年1:25,000地形図図式による）

等高線も地形記号の一つである。等高線以外の地形記号は、等高線で表わしにくい細かい地形や急傾斜の地形を表現するもので、昔は「変形地記号」といった。歴史的にもさまざまな地形記号が使われてきたが、平成25年図式では大幅に簡略化されて6種類だけになった。

客観的で正確な表示が使命である地形図のなかで、「変形地記号」は作図者の技術や、恣意的な表現が入り込みやすい部分でもあった。山の岩壁部分が地形図でどのように表現されているか、昔の登山者は大いに興味をもって見ていたものである。大島亮吉らが「地図のゲジゲジ」を見て谷川岳の岩壁を発見したのは、日本の近代登山史上でも有名な話である。

(7) 地形記号（水系）

滝、湿地、万年雪がある。滝は黒色、湿地、万年雪は青色で表示する。昔の図式では、滝は川や池のグループに、湿地は海岸に関係するグループに含めていたが、最近の図式では地形記号にまとめられている。滝記号は調査や測量でわかったものしか記載されていない。人の行けないような山深い場所にあって航空写真にも撮影できない滝は、地形図には反映されないのである。

(8) その他の役立つ記号

登山に関係の深いものとして、鉄道（JR線、JR線以外、地下鉄、特殊鉄道、索道〈リフト等〉）、駅、トンネル、神社、寺院、高塔、風車、ダム、せき、温泉、噴火口、採鉱地、城跡などがある。これらの記号はすべて正確な位置に表示されているので、読図のよい目印になる。

④2万5000分ノ1地形図の使い方

■等高線を読む

等高線（コンターライン）は、地表面の同じ高さの部分を結んで線の連なりとして表わしたものである。山岳地の地形図を見ると、曲がりくねった薄茶色の等高線が全面に表示されているが、その規則的な様子から予想されるように、等高線は特別に重要な意味をもっている。それは、等高線によって山頂、鞍部、尾根、谷など、山の地形全体が表現されているということだ。

等高線には3種類あり、2万5000分の1では次の規則により表示されている。

・主曲線……10ｍごとの等高線。線幅0・08㎜の実線で描かれる
・計曲線……50ｍごとの等高線。線幅0・15㎜の実線で描かれる
・補助曲線……主曲線だけでは地形の特徴を充分に表現できない場合に、主曲線の間を5ｍまたは2・5ｍ間隔で区切って部分的に表示する。線幅0・08㎜の破線で描かれる

等高線は、次のような基本的性質を持っている。

・等高線は連続した線として描かれ、かならずもとの場所へ戻って輪のようにつながる
・高さの違う等高線は交わったり、枝分かれしたり、重なったりしない

・等高線と池や湖の水涯線（岸の線）は交わらない

・等高線に直角な方向は、その等高線の表わす斜面の一番傾斜の急な方向になる

これらの基本的性質から、等高線と地形表現の関係が導かれる。等高線の形によって、山頂、鞍部、斜面、尾根、谷の地形がどのように描かれるか見ていこう。

⑴　山頂（ピーク）

1本の等高線が丸く閉じて描かれていると、その中に1つ以上の山頂（ピーク）がある。閉じた等高線の形が大きいほど広く緩やかなピーク、小さいほど狭く鋭いピークを表わす。等高線間隔の最小単位である10m未満の比高のピークは、等高線の形に表われないことがある。

⑵　鞍部（コル）

ピークとピークの間で最も低くなった部分が鞍部（コル）である。コルでは、同高度の等高線が2本ずつ、向かい合った形になっている。向かい合った等高線の間隔が大きいほど広く緩やかなコル、間隔が小さいほど狭く急峻なコルを表わす。

⑶　斜面

平行に並んだ等高線の集まりは斜面を表わす。等高線に直角な方向が、その斜面の一番傾斜の急な方向（最大傾斜線）となり、雨が降ったとき水が流れる斜面の向きを表わしている。等高線の集まりの間隔が広いほど緩やかな斜面、狭いほど急な斜面を表わす。等高線間隔と傾斜とは一定の対

等高線と山の地形

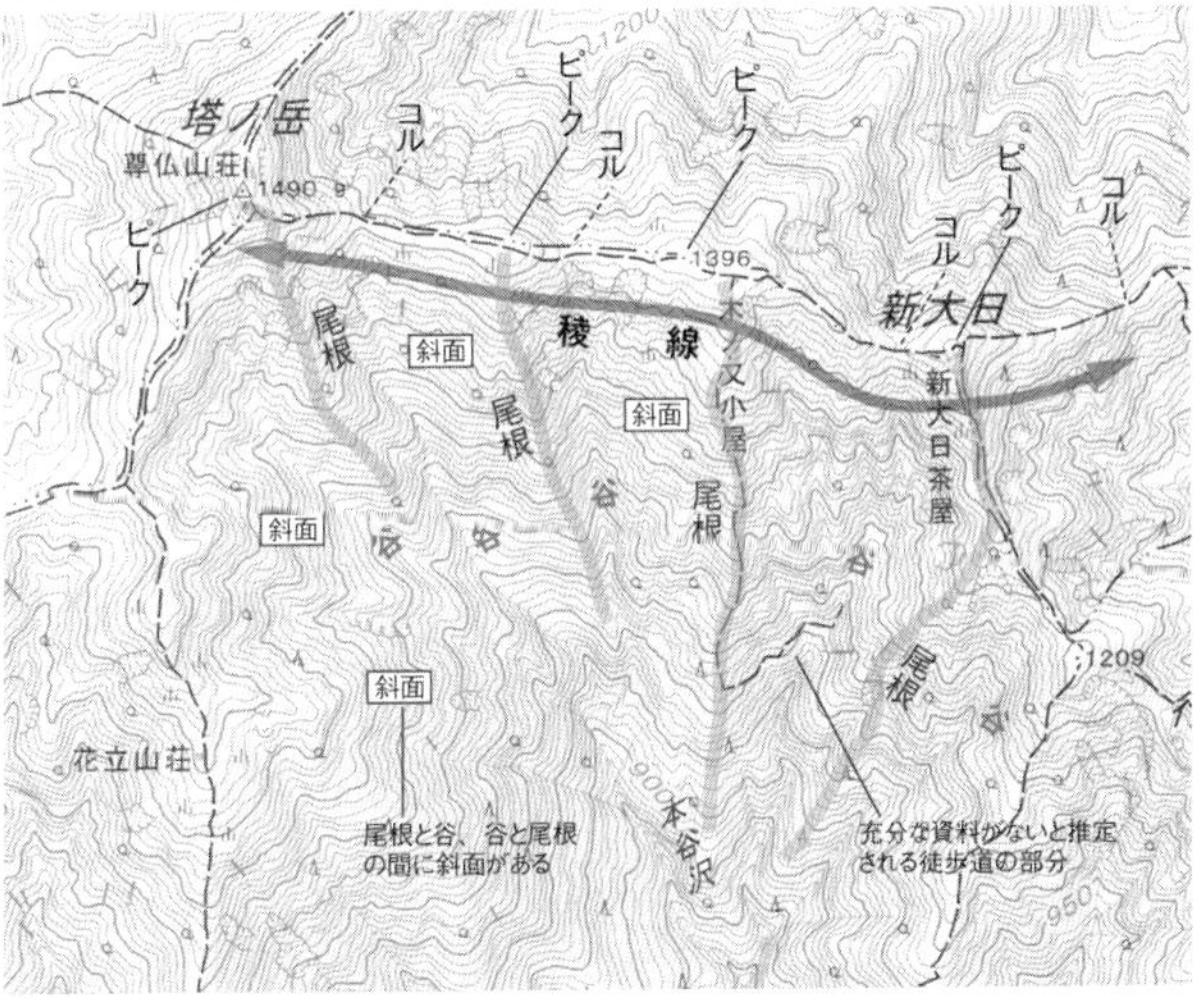

尾根線・谷線と山の地形

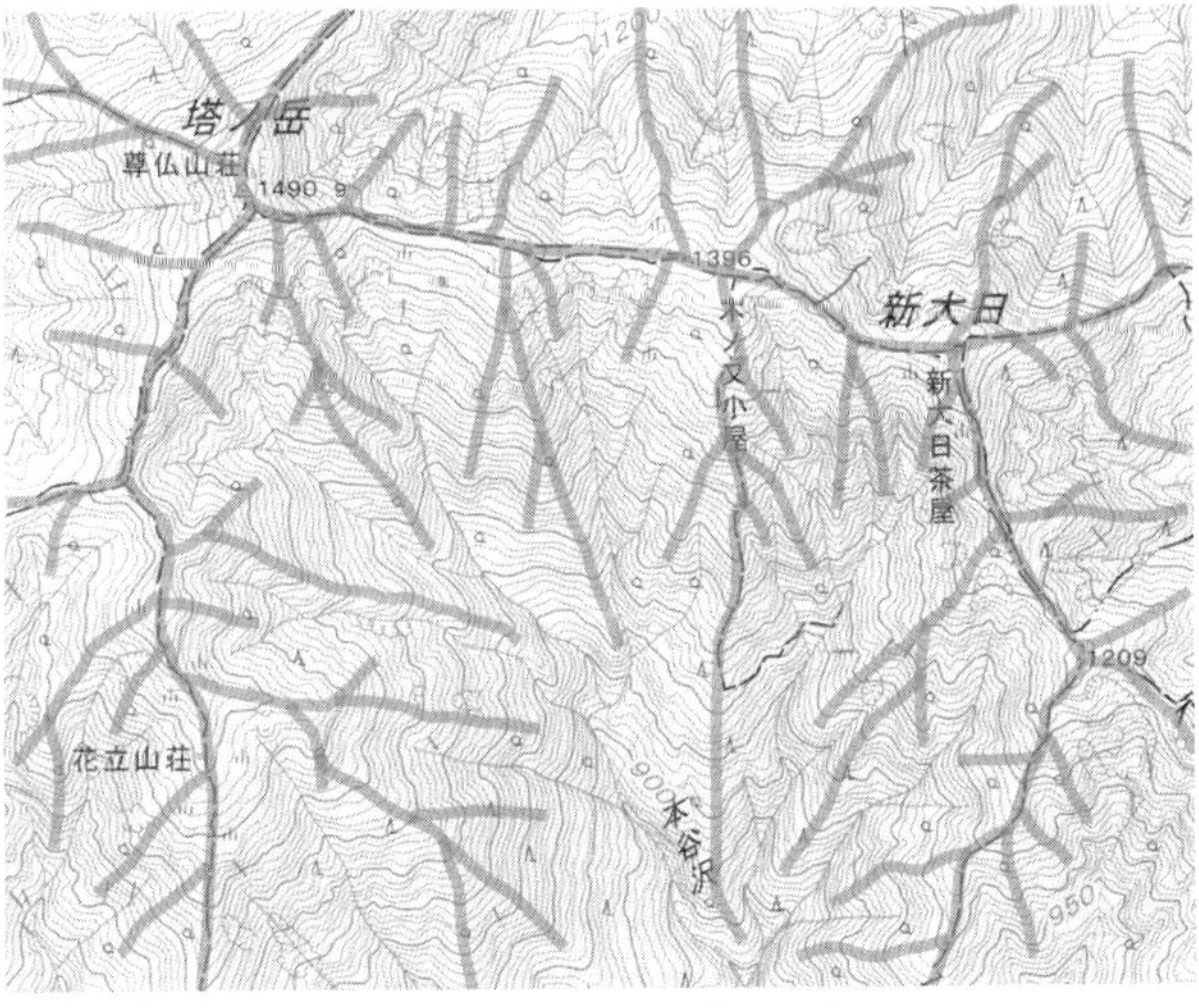

山の地形は尾根線・谷線の組み合わせでできている

応関係があるので、地形図を見慣れれば、等高線を見ただけで傾斜を判断することができる。

(4) 尾根と谷

斜面と斜面とがある角度で交わるところに尾根か谷ができる。斜面の高いほうで交わった線は尾根の線（以下「尾根線」）となり、等高線は低いほうに向かって凸の形に曲がる。尾根線は、尾根を表わす等高線のとがった部分を結んでつないだ線であり、その尾根の方向を表わしている。

斜面の低いほうで交わった線は谷の線（以下「谷線」）となり、等高線は高いほうに向かって凸の形に曲がる。谷線は、谷を表わす等高線のとがった部分を結んだ線であり、谷の方向を表わす。尾根では水は両側の斜面に分かれて等高線に直角に流れ、谷では両側の斜面から集まった水が合流して、谷線の方向に流れる。河川または枯れ川の青線記号は谷線の位置と一致する。

(5) 稜線

ピークとコルが連なって長く続いた地形を、登山では稜線と呼んでいることが多い。厳密に見れば、ピークとコルはかならず1つずつ交互になる。また、ピークとコルの間は尾根でもあるので、稜線は尾根線が長く連続した地形ということもできる。一つの山域全体について尾根線を引いていくと、稜線を中心にして、そこから左右に尾根が枝分かれしていく樹状の体系ができあがる。稜線上にはその山域のメインルートが通っていることが多い。そこへ左右の尾根からサブルートが通じているという形が、典型的な登山ルートの構成となっている。

(6) 登山ルートのロジック

巡視路のような特殊な目的がないかぎり、山道は一定のロジック（論理性）に応じてつけられているはずである。そのパターンは、尾根沿いか、谷沿いか、ピークまたは難所を巻くトラバース、尾根↓谷（または逆）の移行、尾根↓斜面↓谷（または逆）の移行、などである。現在のルートが尾根、斜面、谷のどこからどこへ向かおうとしているか、予測しながら歩くことが大切だ。

次のような個々の例を、地形図で探して確認してみよう。

①尾根上の登り、下り／山道は安全で迷いにくい尾根沿いにつけられたものが最も多い
②稜線のアップダウン／複数のピークを結ぶ稜線は、典型的な登山ルートとなっている
③ピークを巻くトラバース／ピークをショートカットするために斜面をトラバース
④難所を巻くトラバース／岩場や崩壊地をエスケープするためのトラバース
⑤谷沿いの登り、下り、徒渉／谷沿いの道はトラバース、高巻き、徒渉など変化が多い
⑥谷から尾根へ／谷沿いの道から尾根に取り付き、以後は尾根ルートとなる
⑦尾根から谷へ／尾根道を下り谷沿いの下降路へ出る、小尾根を通って谷の難所を越えるなど
⑧斜面の登り、下り／富士山のような大きな独立峰の斜面や、沢ルートのつめの部分で、斜面をジグザグに登下降してゆく場合がある。また、尾根道から別の尾根道へ、または谷沿いの道から尾根道へ出るときに、一時的に斜面のルートを経由する場合がある。

山の地形と登山ルートとの関係

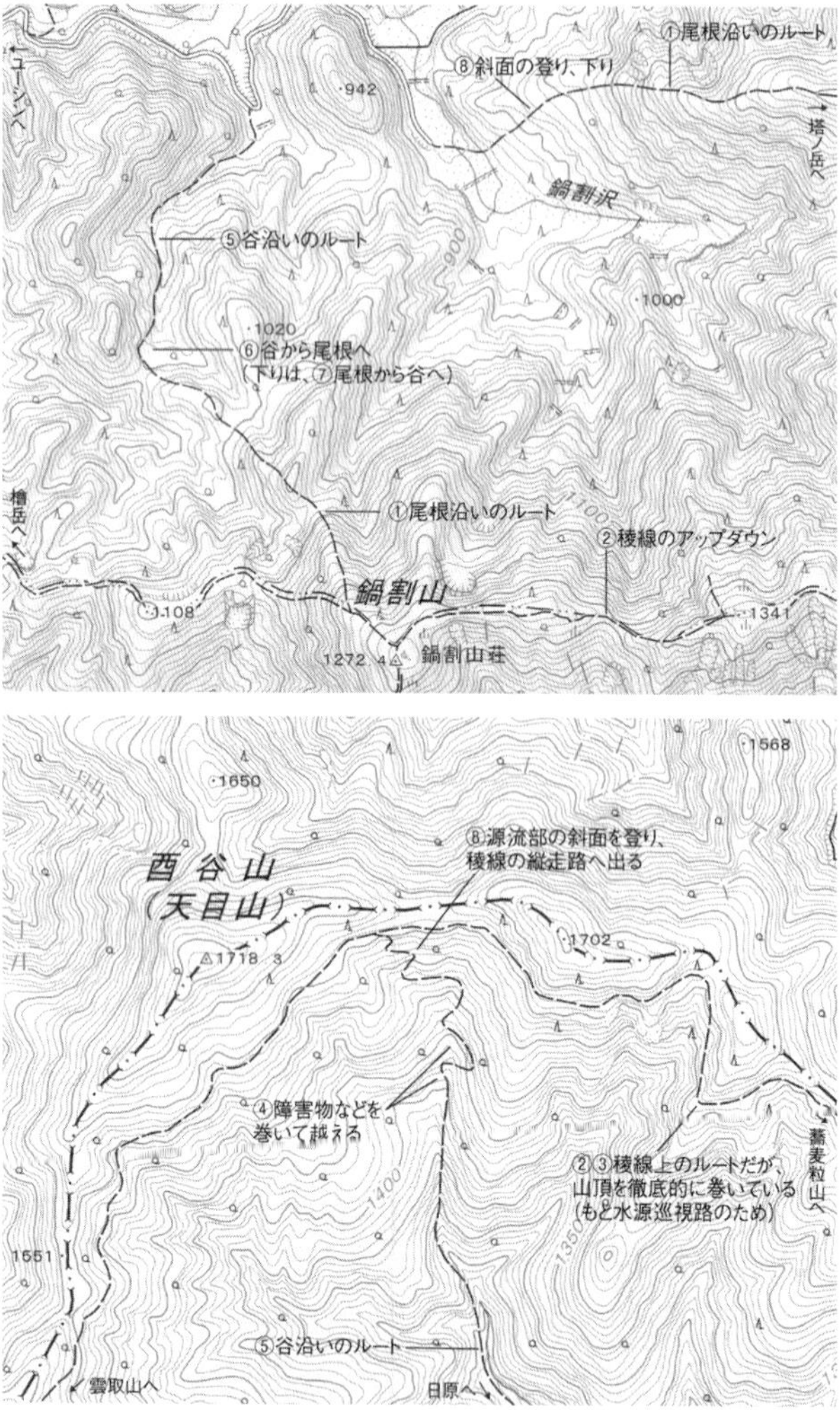

山の地形をどのように利用して山道がつけられているか、一定の論理性を読み取ることができる(図中の番号は本文 P.183 と対応)

■地形図を使った予備読図

前章と同じ檜洞丸の石棚コースを例として、地形図を使用して予備読図をしてみよう。地形図には登山情報がほとんどないので、等高線の形と地形記号などから読図してゆくことになる。縮尺が大きく登山地図の2倍なので、距離や標高の数値を明確に読み取ることができる。また、わずかな等高線の曲がりから小沢や小尾根の分岐まで読み取れるため、精細なレベルまで読図できる。

以下の太字はランドマーク（目標物）になるものを、［　］内は地形図に記載されていない山名・沢名などを示す。実際の作業と同じになるように、距離は定規を当てるだけのラフなやり方で測り、１㎝＝２５０ｍ、１㎜＝２５ｍで計算した。標高は、ほぼ正しく読み取れているはずである。

(1)　１Ｐ目　［箒沢公園橋］～尾根取付

バス停のある車道から、河内川本流を**橋（徒歩橋）**で渡って山道に入り、キャンプ場を左側に見て、もう一度、**橋**で［板小屋沢］を渡る。左岸（下流に向かって左側）を上流へ進み、**第1の堰堤**を過ぎ、約１８０ｍで右岸（下流に向かって右側）へ徒渉する。**第2の堰堤**を過ぎ、約６００ｍ上流に**第3の堰堤**がある。堰堤近くが板小屋沢ノ頭へ登る**尾根取付**となる。

(2)　２Ｐ目　尾根取付～［板小屋沢ノ頭］

堰堤のわきから道は鋭角に**左折**する。小沢の左側を高差約２４０ｍ急登し、標高９００～９５０

地形図を使った予備読図例(西丹沢・檜洞丸石棚コース)

地形図を使用する場合にとまどう点は、地形図中に地名、沢名、山名がほとんど書かれていないので、読図した内容が文章で書きにくいということだ。そこで、ここでは地形図に書かれていない地名、山名などを[　]で補って表記する。また、地形図では所要時間がまったくわからないので、ここでは登山地図を使用したときと同じ所要時間を[　]で付記しておく。

地形図中に書かれた小文字は、すべて筆者が読図を行なって記入したメモである。板小屋沢には徒歩橋や堰堤記号が記載されているものの、第2ピッチ以後、板小屋沢を離れてから檜洞丸山頂まで、地形図にはほとんど等高線と徒歩道、三角点・標高点だけしか記載がない。そのような場所でも、等高線から地形を読み、徒歩道の誤差を修正しながら、正しい登山ルートを判断してゆけるのが地形図の読図である。登山地図の読図とはまったくレベルが異なり、「中級」登山者の世界に踏み込んでいることが感じてもらえると思う。

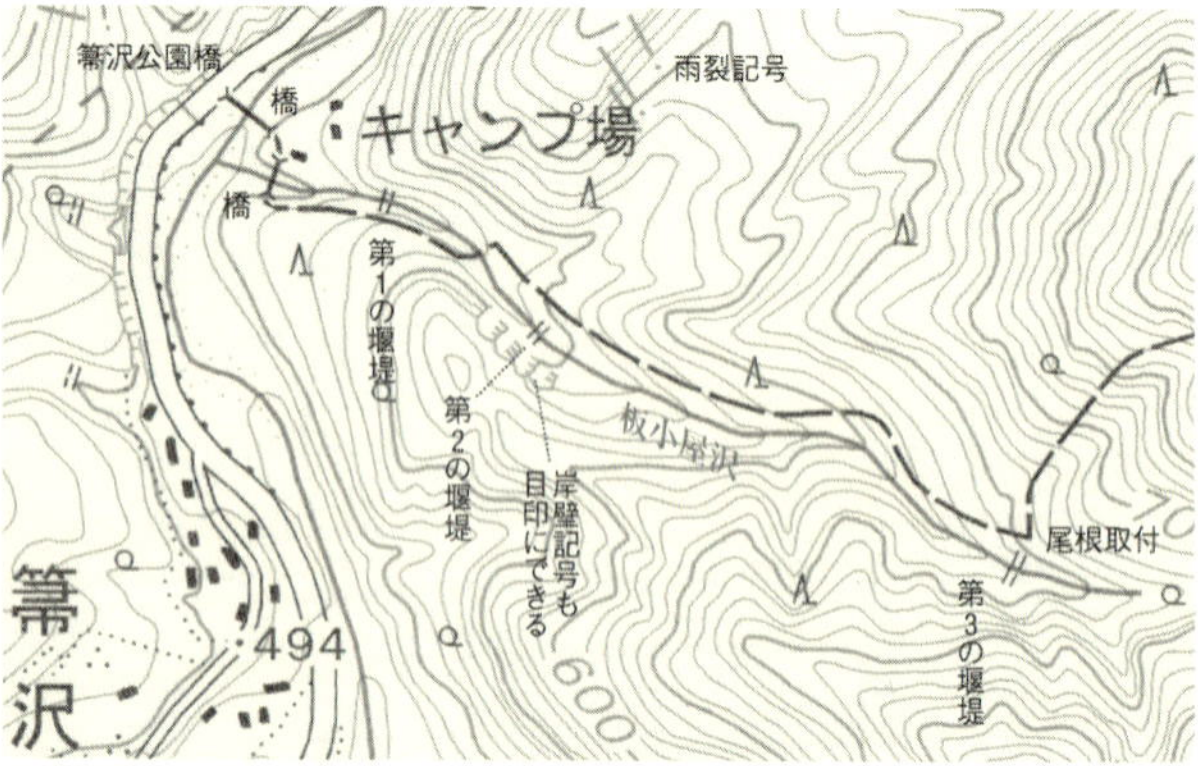

1P. 沢沿い　約0.8km／530m→660m(＋130m)／[0:20?]
[箒沢公園橋]
→橋(河内川)、左側キャンプ場、橋([板小屋沢]、右岸→左岸)
→第1の堰堤(小)、[板小屋沢]を渡る(左岸→右岸)
→第2の堰堤(小)
→第3の堰堤(やや大)＝尾根取付

2P. 小沢→尾根沿い　約 0.8km ／ 660m → 1130m（＋ 470m） ／[1:20?]
尾根取付　→左折
→小沢の左側を急登～ 900m 付近で小沢消える
→ P952（尾根上）　傾斜ゆるむ
→ P1130（[板小屋沢ノ頭]）

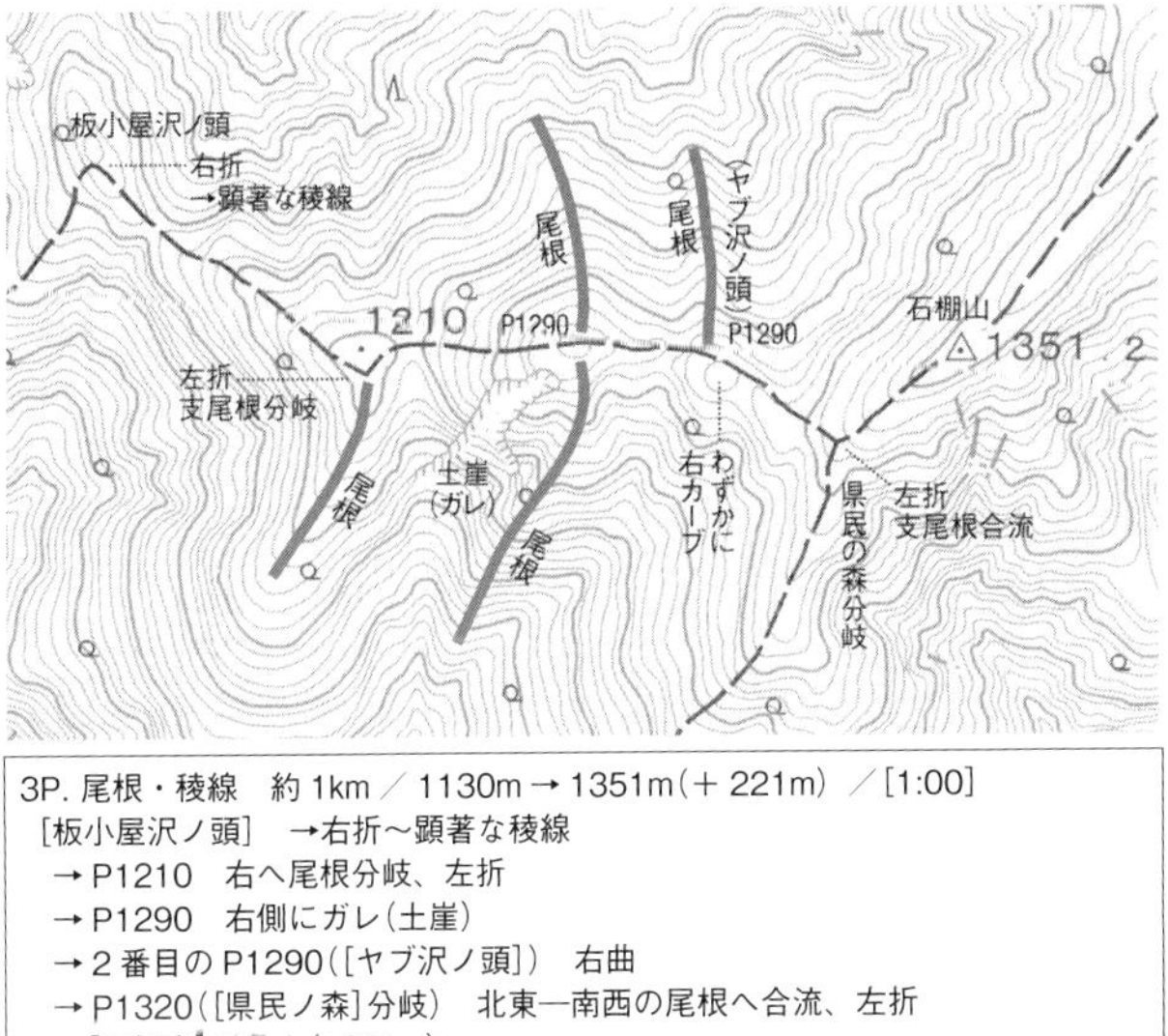

3P. 尾根・稜線　約 1km ／ 1130m → 1351m（＋ 221m） ／[1:00]
[板小屋沢ノ頭]　→右折～顕著な稜線
→ P1210　右へ尾根分岐、左折
→ P1290　右側にガレ（土崖）
→ 2 番目の P1290（[ヤブ沢ノ頭]）　右曲
→ P1320（[県民ノ森]分岐）　北東—南西の尾根へ合流、左折
→[石棚山]三角点（1351m）

mで傾斜はやや緩み、小沢が消えて**支尾根上**に出る。緩やかになった尾根をさらに高差180〜230m登ると、左右に延びる稜線に合流し、「**板小屋沢ノ頭**」（1130m）に出る。

(3) 3P目 「板小屋沢ノ頭」〜「石棚山」

左右に細長いピークの「**板小屋沢ノ頭**」に出て**90度右折**し、高差約100m登って**P1210**（右へ尾根分岐、左折）、約90m登って**P1290**（直進）、続いて2つ目の**P1290**（「**ヤブ沢ノ頭**」、緩やかに右カーブ）、右から明瞭な尾根が合流して**P1320**（「**県民ノ森**」**分岐**）に着く。左折して高差約30m登ると「**石棚山**」**三角点**（1351m）に着く。

(4) 4P目 「石棚山」三角点〜「同角」分岐

広くなった稜線を緩やかに登り、約350m進んで左から浅い沢（「石棚沢」）の源流部が入るとルートは**右折**し、すぐに**左折**して、高差約60mを登り**P1450**へ出る。緩やかに右カーブして広い稜線を北東へ登り、**P1491**（「**テシロの頭**」）の北側を巻いて越え、高差約50m下ると、広いコルのわずか手前で右から「**同角**」**山稜**のルートが合流する。

(5) 5P目 「同角」分岐〜檜洞丸

広く平坦な稜線を北北東へ約180m進むと、傾斜が強まって高差約60m登り、左から**ツツジ新道の稜線**が合流する。ルートは**右折**し、広く緩やかな稜線を登り、しだいに左カーブしながら北上する。ふたたび傾斜が強まり、高差約50m登ると**檜洞丸山頂**に着く。

4P. 尾根・稜線　約 1.5km ／ 1351m → 1440m（＋ 89m）／[1:00]
[石棚山] 三角点　→広い稜線、緩やかな登り
→[石棚沢] 源頭　右折～ P1401 北側を巻く～左折
→ P1450（丸いピーク）　右曲
→ P1491（[テシロの頭]）　手前で右曲～北側を巻く
→ 1440m コル（[同角] 分岐）　広い鞍部手前、右から稜線合流

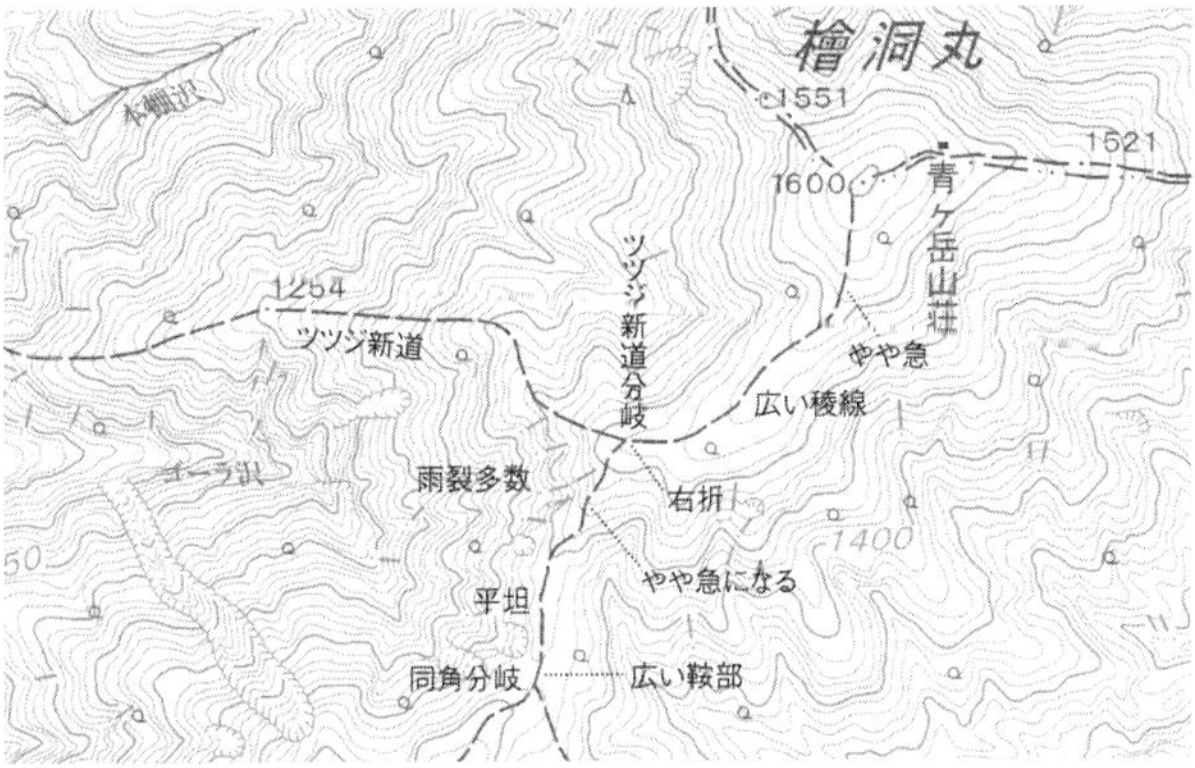

5P. 尾根・稜線　約 0.7km ／ 1440m → 1600m（＋ 160m）／[0:35]
[同角] 分岐　→広い稜線、緩やかな登り～やや急登約 60m
→小 P1510（[ツツジ新道] 分岐）　左から支尾根合流、右折
→幅広い尾根　左曲～北へ約 50 m登る
→檜洞丸山頂（1600m）

■登山中に地形図を使う

登山地図のときと同様、事前に予備読図ができていれば、登山中には実際の地形と地形図を見比べながら、予備読図の内容を一つずつ再確認していくだけでよい。

(0) 準備

2万5000分ノ1地形図は、磁北線を何本か引いておくほうがよい。

コンパスのN針がさす方角（磁北・磁針方位）は、地形図の真上の方角（真北）とは何度かずれており、その誤差を磁針偏差という。磁針偏差は地球上の位置や年代によって変わり、日本本州の場合は西偏7度ぐらいである。地形図の左余白に磁針方位が書かれているので、真上から左側へ磁針偏差の角度だけ傾けた直線を、地形図に一定間隔で引いておく。

地形図には地名表記が少ないので、おもな地名、山名、沢名などを書き込んでおいたほうが便利かもしれない。しかし、地名・山名などがすでに記憶できているか、ほかに登山地図やコース資料などを持参する場合には、地形図への書き込みは必要ないだろう。

実際の読図作業は、何度も地形図を出し入れして使う。地形図がクシャクシャになるのがいやなら、データから印刷した地形図や、原本のコピーを用意して使うとよい。磁北線を引いた地形図は、必要な部分が見やすいように折りたたみ、ビニール袋などに入れて防水する。さらにいくつかに折りたたんでポケットなどに入れ、すぐに取り出せるようにしておく。

登山本番ではコンパスを使うこともある。コンパスはひもを衣類のボタン穴などに固定して、すぐに見られるようにしておく。さらに、地形図の読図では標高数値がよく使われるため、高度計機能のついた腕時計があればとても有効である。

では、地形図を見ながら、檜洞丸の石棚コースを歩いていこう。予備読図と同じ内容は省略し、いくつかの注意点だけ補足していくことにする。

(1) 谷沿いの登り／箒沢公園橋〜尾根取付

２つの徒歩橋、３つの堰堤が明確な目印となっている。徒歩橋の記号の長さは、そのまま橋の大きさを表わしている。堰堤記号もよく見ると、最初の２つよりも３つ目の記号が大きい。最初の２つの堰堤記号は「小極」といい、実際の堰堤の大きさに関係なく、記号（幅１㎜＝25ｍ相当）で記載されている。第３の堰堤は、記号の幅が１㎜よりも大きく１・１〜１・２㎜ぐらいなので、実際の大きさは幅27〜30ｍと推定できる。

(2) 谷から尾根へ／尾根取付〜板小屋沢ノ頭

堰堤のわきから左の斜面に取り付き、板小屋沢ノ頭へ登る。高差４７０ｍの一気登りである。登山地図では尾根上を登るように見えた部分だが、地形図の等高線の形から、最初は小沢の左側に沿って登り、標高９５０ｍ付近で尾根上に乗ることがわかる。また、前半は急登だが、尾根上を登る後半はいくらか傾斜が緩むこともわかる。ただし、登山道は水害などで変化している可能性があるので、地形図を使う場合はつねに頭に入れておく必要がある。

(3) 稜線のアップダウン／板小屋沢ノ頭〜石棚山三角点

地形図のこの部分には、等高線、徒歩道、2つの標高点・三角点の記載しかない。板小屋沢ノ頭で稜線に乗り、以後4つのピーク（県民の森分岐もピークと数える）を通過し、5つ目で三角点のある石棚山に着く。その間、個々のピークについて、上り下りの標高差、ルートの進む方向、支尾根の分岐・合流の様子、以上について多くの要素を読図することができる。

(4) 稜線のアップダウン／石棚山三角点〜同角分岐

このルートは、檜洞丸から南西方向に延びて丹沢湖にまで至る、大きな稜線の一部を通っている。石棚山は三角点があり、コース名になるほどのピークのわりには、稜線の途中にある小さな突起にすぎない。それよりも大きな無名のピークを3つ越える。やはり個々のピークごとに、上り下りの標高差、ルートの進む方向、支尾根の分岐・合流の様子を読図することができる。

(5) 稜線のアップダウン／同角分岐〜檜洞丸

檜洞丸山頂に近い最後の部分は、ドーム状の山体の一部のような、広くおおらかな稜線を登っていく。地形図を見ると登り一方に見えるが、等高線の形が細長く延びた部分や、大きな支稜が合流する部分には、等高線に表われない小ピークが隠されている可能性がある。

終章

①道迷いと遭難

道に迷っただけでは遭難ではない。道に迷ったうえ、自分の力で行動できない状態になり、本人か第三者（家族など）が救助要請すれば、初めて遭難してしまったことになる。救助要請する前に、どうにか道迷い状態から脱出できないものだろうか。

それには、何よりも、道に迷っていることに「早く気づく」こと、そして「すぐに引き返す」ことがポイントになる。

左図のイメージのように、道迷い状況になってから、引き返し（または救助要請）のタイミングが早ければ早いほど、生還（または無事救助）の可能性は高まる。逆に、遅れれば遅れるほど自力脱出は難しくなり、また、救助要請しても発見されにくくなる。このことは、どのような道迷い遭難事例を見てもあてはまる事実なので、はっきりと頭に入れておいてほしい。

転落・滑落や発病などとちがって、道迷いはすぐに「遭難」とはならないために、多くの登山者、とりわけベテランと称される登山慣れした人々も含めて、道迷いを軽く見て、その危険性をきちんと理解してこなかった。そのような人は、道に迷っているのに、そのまま前進し続ける行動をとろうとする。そこに見られる心理は、次のようなものと思われる。

道迷いの状況図

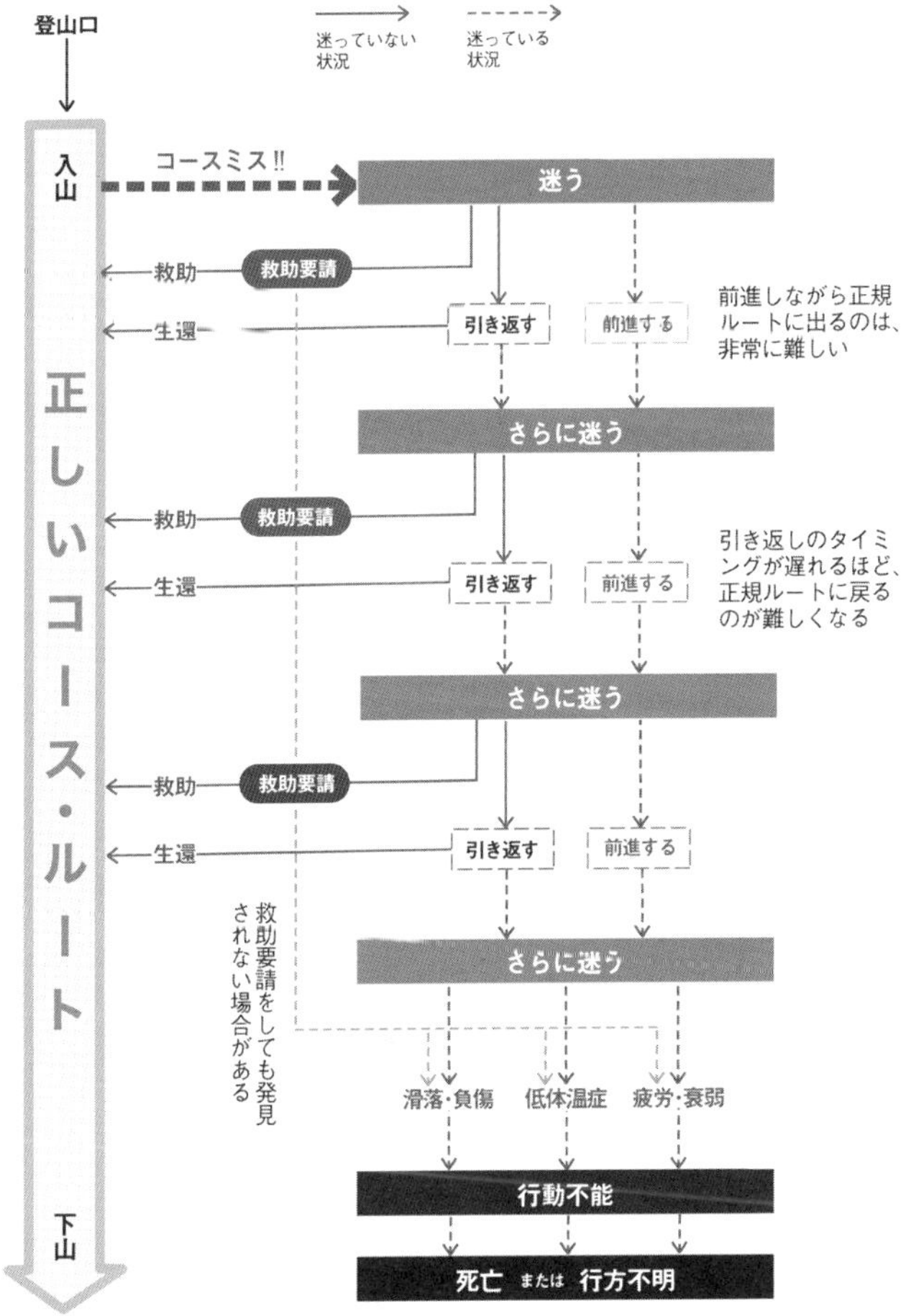

初めのコースミスですぐに引き返し行動がとれればよい。しかし、第2、第3と道迷いが重なってゆくほど、脱出するのが難しくなっていく

・現在の状況は「異常」ではない（異常を認めたくない？）
・まだ危険な状況ではない。このまま行動を続ければ何とかできる

道迷い状況になっているのに「たいしたことではない」という現実否定、裏返せば、自己肯定（＝大きなミスではない）の意識から抜け出すことができないのである。

道に迷ったと気づいたら、これとは逆の行動をとらなくてはならない。

・道迷いは「異常」であり、危険な状況である
・道迷いからできるだけ早く脱出する必要がある
・それには、「引き返す」のが最も確実で早い

②まず、引き返す

道に迷ったときにとる行動は、引き返す、前進する、救助要請、の3種類だけである。このうち、99・9％までは、引き返すことが最良の選択肢であると断言できる。

通常、迷った当初には、まだどこかの山道の上にいる。それを逆方向に戻ればよいのだから、これほど簡単で確実にできる対応策はない。引き返すときには、引き返した地点、時刻などを記録し

ておく。デジタルカメラがあれば撮影しておくとよい。地図・地形図での現在地把握も試みながら、引き返して歩き続ける。そして、記憶に残っているルート上の地点、または地図で現在地がわかるようになる地点まで戻る。成功すれば、それで終了である。

不幸にして、引き返している途中で、もう一度迷ってしまうことが起こるかもしれない。こうなると事態は深刻になる。引き返しの途中で迷うのは、おそらく、引き返すことを決断するのが遅すぎたことを意味している。引き返した地点までに、すでに複数の箇所でルートミスをしていれば、そのどこかで再び迷ったと考えられるからだ。

この場合は、もう単純に引き返すだけでは脱出できないかもしれない。気持ちを落ち着かせて、困難な事態が起こっていることを認めよう。そして、ふたたび引き返して、2回目に迷った地点へ戻ることを試みる。それと平行して、地図・地形図とコンパスを使い、読図を行なって現在地を推定できないかやってみよう。引き返しても打開できず、現在地の推定も不可能になったら、救助要請を決断して、不本意ではあるが遭難発生に至ることになる。

こうならないためにも、引き返す決断は、とにかく早期に行なうことである。「迷ったかな?」「迷ったかもしれない……」というような感覚におそわれたなら、もやもやっとした不安を引きずったままで5分ぐらいは進んでみてもいいかもしれない。しかし、それで不確かな感覚が消えなければ、もう充分に引き返してもよいタイミングである。

③前進して、突破を試みる

どうしても、前進して突破を試みなくてはならないケースが、一つだけ考えられる。それは、おそらく複数回の道迷いが重なったために戻ることは不可能になったが、現在地を推定し、脱出の見通しができた場合である。このときには、完全に非常事態に入っている。地図、地形図、コンパス、高度計、GPS、あらゆる手段を使って現在地の推定を続けながら、最も安全かつ確実であるらしいルートを探って、そちらへ行ってみるしかない。

さらに深みに迷い込んで山道をも見失ってしまい、完全なサバイバル状況に陥ったとき、よく言われる「沢へ下ってはいけない」などの原則を考えなくてはいけなくなる。

■道のない山中を行動するときの原則

(1) 転倒・転落・滑落は絶対にしない

何度も書いてきたように、道迷い遭難で死亡する事例の多くが転落・滑落によるものである。転落・滑落して負傷したとき、すぐに救助要請できない状況にあると、何も行動を起こせなくなって死亡してしまう危険性がある。道迷いのとき、転倒・転落・滑落事故は致命的な結果を招くので、絶対に避けなくてはならない。転・滑落しかねない危険な場所へ近づかないこと、転・滑落につながるような危険な行動をとらないこと、また、落石にも充分に注意を払うことである。

(2) 沢や谷筋へ下らない

沢や谷は、基本的に尾根・稜線よりも危険の多い場所である。そして、滝、淵、廊下（ゴルジュ）などの岩場が発達した通過不可能な場所が必ずある。谷や沢筋を下降して山麓へ出ることは、ほとんどの場合、不可能である（沢登りの特別な装備・技術があれば別だが）。

沢や谷を遠くから見ると、一本のわかりやすい線となって平地まで続き、それをたどって行けば助かるように思ってしまう。しかし、通常は沢や谷を最後まで下れることはない。多くの道迷い遭難者が、谷の中で遺体となって発見されている。沢や谷筋は絶対に下ってはいけない。

(3) 尾根や稜線をめざす

沢や谷が危険であるとわかれば、向かう場所は尾根や稜線しかない。幸いに、山の地形の中で尾根や稜線は比較的安全な場所といえる。雨や雪の浸食を受けるのは沢や谷で、尾根・稜線は浸食作用を一番受けにくく安定しているのである。

その証拠に、日本の山では尾根・稜線に山道がつけられていることが多いので、尾根・稜線に登れば山道に出られる可能性が高い。携帯電話の通信網が発達した現在は、携帯電話が通じるかもしれないという意味で、尾根・稜線はもう一つの利点をもたらしている。

(4) 体力の維持に努める

これはサバイバル時にかぎらず、登山の基本原則でもある。適切に水を飲み、食料を定期的に食べることは体力維持につながることである。もちろん、そのためには水を確保することと、行動食・非常食を携行していることが必要である。日ごろから登山の基本事項をきちんと守っている人は、無駄な体力消耗を防ぐことができており、その結果、サバイバル時にも強い。

(5) できるだけウェアをぬらさない

ウェアがぬれていると、そのために体が冷やされるので、恒常体温を維持するために体力を消耗することになる。ぬれたウェアで行動したり、ビバークしたりすることは、さまざまな体調不良の状態を引き起こし、サバイバルのための行動ができなくなってしまう。また、厳しい気象条件のもとでは、低体温症を引き起こすことにもつながる。

(6) 通信機器を維持・管理する

道迷いから脱出するための行動中は、いつ遭難状態になるかわからない。救助要請が必要になるときのために、携帯電話などの電源管理が必要である。通話可能かどうか定期的に調べる必要はあるが、それ以外、使用しないときは電源を切っておく。スマートフォンのように消費電力の大きな機種は、予備バッテリーを用意したほうがよい。

④ビバーク技術

緊急のために、宿泊用具を使わずに、体ひとつで一夜をしのぐことをビバーク（正しくはフォーストビバーク Fastbiwak〈ドイツ語〉）という。道に迷ったためにビバークすることはとても多い。ビバークができることによって、登山の安全性が大きく高められる。日没が近いからと無理に急いだり、危険な場所をあせって通過する必要もない。危険を冒して急ぐのではなく、つねに安全な行動のほうを優先させることができる。暗くなればライトを使って行動すればよく、夜間行動が危険なら、ビバークして明るくなるのを待てばいいのだ。このように、ビバークという最終の安全手段を持つことによって、登山者は客観的で冷静な行動をとることができる。

⑴　ビバークの装備

普通の登山用具だけでも行なえるのがビバークである。緊急用の装備として、どんな登山でも、レスキューシート、ライト（ヘッドランプ）、ローソク、ライター、非常食を持つようにする。ツエルトや非常用燃料があれば、さらに条件のよいビバークができる。

⑵　ビバークの決定

ビバークをする理由は、道迷いによる下山遅れのほかに、病気、体調不良やバテ、負傷などのアクシデント、行動予定をこなすことができず時間切れ、などである。いずれも緊急事態で追い込まれた状況のことが多いが、できるだけ冷静に対応することが大切だ。

日暮れまでに下山できないと判断したら、遅くとも日没の30分前にはビバークの決断をしよう。30分という時間はすぐに過ぎてしまうが、日没時刻から20〜30分はまだ明るさが残っているものだ。早めに決断し、条件のよい場所を決めてビバークすることが、安全と体力の温存につながる。

(3) ビバークの場所

ビバークに適した場所の条件は、基本的にテント泊の場合と同じだが、あまりぜいたくを言えない面もある。次のような条件の、樹林帯、灌木帯、倒木の陰、岩陰、窪地などがよい。

・平らで横になれる広さがある
・風がよけられて、雨が直接当たらない
・地面が乾いていて、湿ったり濡れていない

ビバークに向いていない場所は、傾斜地、風の当たる山頂や稜線、広い草原、岩壁の下（落石の危険）、大木の下（落雷の危険）、沢の近く（増水の危険）などである。

(4) ツエルトを使わないビバーク

地面からの冷気を防ぐために、シートやザックのマットを出して敷く。防寒着、アウター、帽子、手袋など、保温できるものを全部身につけたうえ、まだ寒ければレスキューシートにくるまり、空

のザックに足を入れて、少しでも効果的に保温できるようにする。

ウェアが濡れた場合、着替えがあるなら着替えたほうがよい。靴を紛失するおそれがないなら、靴をぬいだほうが楽になる。燃料があれば、熱いお茶を沸かして飲むと精神的にも落ち着ける。

できることを全部やったら、あとは朝を待つだけである。1～2時間ウトウトしては目を覚ますくり返しかもしれない。体調に問題がなければ少しでも眠ったほうが体力を温存できる。

(5) ツエルトの使い方

ツエルトはさまざまな方法で張ったり、吊るしたりできる。また、1枚のシートとしてかぶってもよい。ツエルト本体のほかに、最低でも張り綱か細引きを持っていきたい。

「支柱で立てる」　ストックや太めの木枝を支柱として立て、先端にツエルト天頂部のループを引っ掛けて、張り綱か細引きでテントのように張る。居住性はよいが、風に弱いのが欠点。

「木に吊り下げる」　2本の木のやや高い位置に張り綱か細引きを結び、それにツエルト天頂部のループを結び付けて両側から張る。または、細引きをツエルトのベンチレーター（換気口）に通し、両端を2本の木のやや高い位置に結び、張り渡して吊り下げる。どちらのやり方でも、ツエルトの底部は石で引っ張ったり、中から荷物で押さえて空間を作る。

「かぶる」　メンバーが集まって腰掛けたところに、ツエルトの底部を開いてすっぽりかぶる。ベンチレーターから頭を出せるものもある。場所を選ばずにすぐビバーク態勢に入れる。

ツエルトの使用例

木に細引きを張り渡して吊り下げる

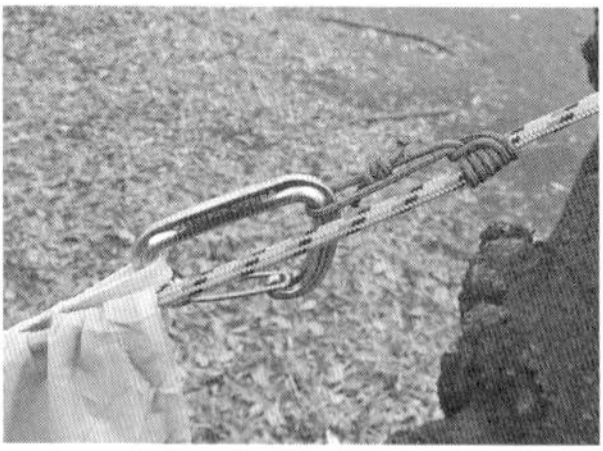

天頂部のループを引っ張る結び方
(クレムハイスト・ノット)

1カ所で吊り下げる

支柱を立ててテントのように張る

張り綱の長さを調節できる結び方(トートライン・ヒッチ＝自在結び)

⑤救助要請

さまざまな努力をしても、自分で道迷い状態から脱出できないときは、最終的に救助要請を決断しなければならない。

これには二つのケースがある。第1は、道迷いの途中で何らかのアクシデントに遭い、自分か同行メンバーが自力歩行できない、または自力歩行すると悪化してしまうような場合である。第2は、自力歩行はできるが、ルート判断が不可能になり身動きできない、完全な道迷い状態である。どちらの場合でも、救助要請すると同時に、できるだけ安全な場所に退避して救助を待つ。

道迷い遭難は、本人が自分のいる場所を説明できないことが多く、捜索に日数がかかる場合がある。数少ない例ではあるが、救助要請しても捜索隊が発見できずに死亡したケースもある。救助要請後も安心せず、通信機器の電源を温存しながら、少しでも発見されやすい場所へ移動を試みるなど、助かるための努力を続けるようにしたい。

■初出一覧

本書に収録した遭難事例の一部は、以下の掲載記事をもとに加筆したものである。

第1章①「脱水と意識混濁の果て、奇跡の救助」『山と溪谷』2013年8月号

②「〈ハイカー30人行方不明〉はなぜ起こったのか」『山と溪谷』2004年2月号

③「ホワイトアウトの雪原を環状彷徨、間一髪、凍死寸前で救助される」『山と溪谷』2009年3月号

第2章②「全国道迷い遭難マップ」『ワンダーフォーゲル』2014年10月号

④［事例5］「検証・道迷い遭難⑷大雪山・旭岳」『山と溪谷』2006年2月号

⑥［事例12］「検証・道迷い遭難⑶秋田県・乳頭山」『山と溪谷』2006年2月号

第3章「人気山岳エリアに見る道迷い遭難№1丹沢」『ワンダーフォーゲル』2014年10月号

野村 仁（のむら　ひとし）

のむら・ひとし／1954年秋田県生まれ。登山、クライミング、自然・アウトドアなどを専門分野とする編集者・ライター。登山技術、山岳遭難関連の執筆を長年にわたってつづける一方、クライミング関係では第一人者を著者に迎え、編集を担当して技術専門書を世に送り出してきた。編集事務所「編集室アルム」主宰、山の文化を研究する日本山岳文化学会常務理事、遭難分科会、地理・地名分科会メンバー。おもな著書に『登山技術全書①登山入門』、『ヤマケイ入門&ガイド：雪山登山』、『転倒・滑落しない登山技術』、『山で死んではいけない。< 共著 >』（以上、山と溪谷社）など。

もう道に迷わない　YS015

2015年 3 月5日　初版第1刷発行

著　者　野村 仁
発行人　川崎深雪
発行所　株式会社　山と溪谷社
〒101-0051
東京都千代田区神田神保町1丁目105番地
http://www.yamakei.co.jp/
■商品に関するお問合せ先
山と溪谷社カスタマーセンター
電話　03-6837-5018
■書店・取次様からのお問合せ先
山と溪谷社受注センター
電話　03-6744-1919／ファクス　03-6744-1927

印刷・製本　図書印刷株式会社

定価はカバーに表示してあります

Printed in Japan ISBN978-4-635-51023-3

山と自然を、より豊かに楽しむ―**ヤマケイ新書**

アルピニズムと死　**僕が登り続けてこられた理由**　**山野井泰史**　YS001
極限の登攀に挑み続けてきた山野井泰史が今初めて語る山と生、そして死。

モンベル 7つの決断　**アウトドアビジネスの舞台裏**　**辰野 勇**　YS002
創業者の企業経営はアルパインスタイル。辰野勇が語る経営哲学と人生論。

山の名作読み歩き　**読んで味わう山の楽しみ**　**大森久雄 編**　YS003
山にまつわる名文 53 編を収録。山の文芸の真髄を味わうアンソロジー。

体験的山道具考　**プロが教える使いこなしのコツ**　**笹原芳樹**　YS004
食糧から登攀具まで実体験や失敗談をもとに紹介。すぐに役立つ 83 編。

今そこにある山の危険　**山の危機管理と安心登山のヒント**　**岩崎元郎**　YS005
山の危険を認識し、自立した登山者として山を楽しむための基礎知識。

「体の力」が登山を変える　**ここまで伸ばせる健康能力**　**齋藤 繁**　YS006
「予備力」「頑張れる範囲」を自己チェック。登山の体力指標を解き明かす。

狩猟始めました　**新しい自然派ハンターの世界へ**　**安藤啓一・上田泰正**　YS007
狩猟を通して自然、社会、暮らしを理解しようとする新世代のハンターたち。

ベニテングタケの話　**堀 博美**　YS008
キノコ好きを魅了するキング・オブ・キノコ=ベニテングタケの謎に迫る。

ドキュメント　御嶽山大噴火　**山と溪谷社 編**　YS009
そのとき何が起きたのか。生還者の証言を中心に、大災害の現場を分析。

山の常識　釈問百答　**教えて！　山の超基本**　**釈 由美子**　YS011
素朴な山の疑問・難問に専門誌編集長が答える登山者必読の基礎知識集。

唱歌「ふるさと」の生態学　**ウサギはなぜいなくなったのか？**　**高槻成紀**　YS012
唱歌の歌詞から失われた里山の生態学を読み解き、自然と文化を見直す。

山岳遭難の教訓　**実例に学ぶ生還の条件**　**羽根田 治**　YS013
15 件の山岳遭難の現実と背景を克明にレポート。生死を分けた条件は何か。